코인으로
인생역전

전략 없이 비트코인 시장에 뛰어들지 마라!

코인으로 인생역전

홍지윤·윤용욱·정지훈·류경문·김민형·최완순 지음 | 강흥보 감수

 리치캠프
RICHCAMP

가망 없는 시대, 인생역전을 꿈꾸는 청춘에게

제가 비트코인 차트를 본격적으로 분석하기 시작한 것은 2017년 말부터입니다. 비트코인 가격이 2천만 원을 향해 가파르게 올라가던 시기였죠. 인생역전을 꿈꾸는 청춘들이 너도나도 코인 시장에 뛰어들고 있었습니다. 우연한 만남이 시작이었습니다. 암호화폐 거래소 사업을 하고 싶었던 선배는 선물옵션전문가로 활동 중인 제게 비트코인의 차트를 보여줬고 저는 한참 동안 차트에서 눈을 뗄 수 없었습니다. 차트에서는 상승 후 큰 하락 자리가 보였습니다.

저는 시장의 신호가 매우 위험하다고 판단해 유튜브 방송과 기부 강연회를 열어 코인 시장에 투기가 아닌 투자자로 접근하도록 안내하기 시작했습니다. 그렇게 3만 명의 구독자들이 온·오프라인에 모여서 2018년 봄까지 이어진 하락장에 같이 대응했습니다.

과열이 식고 2019년까지 지루한 박스권 장세가 이어지자 단기간에 인생역전을 꿈꾸던 많은 투자자가 손실과 원망을 남긴 채 시장을 떠났습니다. 사실 인생역전의 기회는 그때 다시 시작되었는지도 모릅니다. 시장이 정체되는 동안 코인을 계기로 투자에 눈뜬 청춘들이

메이크잇 플랫폼을 중심으로 남아서 꾸준히 투자 공부를 계속했습니다.

그들이 '내공'이 쌓이자 변동성이 큰 코인 시장에서 코인과 시장 특성을 하나씩 찾아낼 수 있었고요. 역사가 짧고 백데이터의 개수가 작은 코인 시장에서 이들이야말로 코인 투자를 개척한 선구자들이라고 할 수 있습니다.

10,000개의 조개에서 단 하나의 진주가 탄생한다!

진주는 조갯살 속에 박힌 이물질을 조개가 감싸는 진주층으로부터 만들어집니다. 보석으로서 가치를 인정받는 진주는 진주층이 적어도 0.5mm 이상 덮여야 합니다. 진주층은 한 번에 1μm 두께로 쌓입니다. 그러니 500번 이상 진주층이 덮여야 하죠. 이 과정이 2~4년 걸립니다. 확률적으로 1만 개의 조개에서 1개의 자연산 진주가 나오고 그 자연산 진주가 모두가 탐낼 만한 빛깔과 크기로 자랄 확률은 더욱 희박합니다.

《코인으로 인생역전》은 코인 시장의 숨은 진주를 선보이는 소중한 책입니다. 이 책을 집필한 6분의 저자는 저의 초기 유튜브 3만 명 구독자분 중에서 4년여의 세월을 함께 보내며 기적을 일궈낸 인생역전의 용사들입니다. 코인 시장에서 영롱한 진주가 탄생할 확률을 몸소 증명한 분들입니다.

그 사이 아직 20대인 김민형 저자는 현재 유튜브 채널 〈B트렌드〉의 차트 분석 전문가로 성장했고 500만 원으로 시작한 코인 투자금은 13억 원이 되었습니다. 문화예술 분야 기획자로 활동 중인 홍지윤 저자는 150만 원부터 시작해서 매일 3만 원의 기회비용을 코인에 투자해 29억 원의 수익을 냈습니다. 자영업을 하는 40대 최완순 저자는 1억 8천만 원의 초기 자금으로 16억 원의 수익을 내 그사이 태어난 아이와 함께 광장동으로 이사할 수 있었죠. 30대 취업준비생인 정지훈 저자는 5천만 원의 종잣돈을 8억 원으로 늘렸고, 30대 회사원인 류경문 저자는 3천만 원의 투자금으로 3억 원의 수익을 냈습니다. 대학원생인 윤용욱 저자도 500만 원으로 시작한 투자금이 현재 3억 원으로 불어났습니다.

누구나 꿈꾸지만 아무나 인생역전을 할 수 없다!

저자들의 투자 성과를 보고 요행으로 일확천금이 생겼다며 부럽게 느껴진다면, 투자금을 줄이거나 차라리 시장을 떠나 있는 것이 낫습니다. 저는 방송에서 '주제 파악'을 하라는 말을 자주 합니다. 언뜻 들어서는 언짢은 말일 수 있지만, 말 그대로 본인의 투자 여건을 파악하라는 의미입니다. 투자 세계에서는 나의 현실과 투자 여건이 어떤지 알고 있는 것이 매우 중요하기 때문이죠. 자신의 연령, 경제적 상황, 가정에서의 위치, 이 세 가지를 통해 나의 투자 여건을 면밀히 파악하고 투자해야 합니다. 특히, 젊은 투자자라면 더더욱 그렇습니다.

《코인으로 인생역전》에 담긴 '코린이를 위한 암호화폐 5계명'은 제가 늘 후배들에게 당부하던 투자 원칙입니다. 저자들은 여기에 '암호화폐 투자에 있어 절대 따르지 말아야 할 5계명'도 추가해 놓았죠. 이것이 바로 투자의 실패와 성공을 거듭하며 스스로 깨우친 투자 원칙입니다. 여기에 차트 분석 방법과 저자들만의 패턴 분석에 각종 매매기법까지 총망라해 풀어놓았습니다. 코인 투자를 염두에 두고 있다면 이 6인 6색의 투자 노하우에서 자신의 투자 성향에 맞는 방법을 찾아내거나 자신의 투자 기법의 깊이를 더할 아이디어를 얻을 수 있을 것입니다.

《코인으로 인생역전》에는 비트코인에 투자해야 하는 이유도 수록되어 있습니다. 아직 코인 시장을 투기 시장으로 바라보는 인식이 남아있지만, 테슬라를 비롯한 빅테크 기업과 글로벌 금융투자사를 중심으로 코인 투자가 활발해졌고, 우리나라에서도 우후죽순 생겨나서 방치되다시피 했던 63개의 가상화폐 거래소들이 금융위원회의 심사와 승인을 거쳐 정리되면서 4곳만이 살아남았습니다. 지난 10월에는 코인 투자자들의 숙원이던 비트코인 선물 ETF가 미국 뉴욕증권거래소(NYSE)에 상장되기도 했습니다. 더딘 걸음이지만 비트코인이 발행된 지 12년 만에 제도권으로 한 걸음씩 들어서는 모습입니다.

지금 비트코인 차트를 열어 2017년까지 확대해 보면, 모두가 열광했던 당시의 상승장은 작은 봉우리에 불과했다는 것을 알 수 있습니다. 코인 시장의 미래는 예측하기 어렵지만, 앞으로 지금까지보다 더 큰 기회가 열릴 것이 분명합니다.

누구나 인생역전을 꿈꾸지만, 누구나 인생역전을 할 수 있는 것은 아닙니다. 《코인으로 인생역전》의 저자들이 풀어놓은 이야기 속에서 그들의 고군분투가 느껴진다면 여러분도 성공의 안목을 가진 투자자라 할 수 있습니다. 조개가 가슴에 박힌 모래 한 알을 품어낼 때 진주조개가 되는 것처럼, 가슴에 뜨거운 무언가가 타오르고 있다면 여러분도 진주조개로 거듭날 인생역전의 가능성을 품은 것입니다.

이제 어엿한 디지털 자산가로 자리매김한 저자들이 꼼꼼하게 알려주는 실제 투자 사례를 곱씹어본다면, 인생역전을 꿈꾸는 여러분의 투자 방향에 좋은 길라잡이가 될 것입니다. 이 책을 읽는 모든 독자분의 인생역전을 응원합니다!

– 강흥보

나의 코인 투자 이야기

지윤's Coin Story

투자 성향
물고기가 한번 문 미끼를 놓지 않듯 하락장에 적극적으로 투자하여, 가지고 있는 포지션을 끝까지 가지고 가는 초장기적인 투자를 즐겨한다.

투자 성과
매일 식비와 교통비를 아껴 모아 비트코인에 투자했던 것이 2억 원 가까이 성과를 올렸고, 이후 150만 원으로 선물 투자를 진행하여 약 20억 원의 수익을 남겼다.

코인 투자를 시작한 계기
1억 원의 빚을 안고 있던 평범한 자영업자이자 문화 예술인이었다. 주로 전통시장과 관공서의 일을 하였는데, 청년이라는 이유로 나이 많은 사람에게 갑질과 폭언을 당하며 감정 쓰레기통이 되는 게 일상이었다. 그러던 중 2017년 어느 날, 비트코인을 알게 되었고 비트코인을 공부하고 투자하면서 인생이 바뀌었다.

투자 성향

차트의 기술적 분석을 공부하기 시작하면서 보수적인 투자 성향을 갖게 되었다. 잃지 않는 투자의 중요성을 알게 된 이후로는 한순간의 유혹에 이끌리는 매매는 하지 않는 편이다. 또한, 종목을 기본적으로 분석하면서 세계관을 넓혀 가치투자의 성향도 갖게 되었고, 트레이딩과 가치투자 두 분야의 비중을 적절히 나누어 안정적인 운영을 추구한다.

투자 성과

암호화폐 시장에 뛰어든 것은 2017년 말이다. 이후 큰 손실을 겪었으나 2020년 12월 1일에 손익분기점에 도달하였다. 이때부터 1,700만 원으로 본격적인 투자를 시작하였고, 현재 약 10개월 동안 10배 이상의 수익을 달성하였다.

코인 투자를 시작한 계기

2017년 말, 대학원을 다니는 석사 1년 차 학생이었다. 연구실에서 소정의 연구비를 받으며, 어렵게 생활하던 시절이었다. 연구실에 있는 친구들이 '코인으로 얼마를 벌었다', '하루 만에 두 배가 됐다'라며 귀를 홀리는 말을 하기 시작했다. 코인 투자를 시작하게 된 이유는 아마 '돈'이라는 환상에 사로잡혔기 때문일 것이다. 마침 2017년 말부터 2018년 초까지 엄청난 코인 붐이 일었고, 계좌는 하루가 다르게 커져만 갔다. 5만 원으로 시작한 투자가 전 재산이었던 500만 원을 끌어오게 되었고, 약 한 달 만에 6,000만 원까지 수익을 냈다. 난생처음 기하급수적으로 늘어나는 돈을 보면서 허영심에 빠졌고, 결국 6,000만 원은 50만 원까지 추락했다. 더는 2018년 초와 같은 손실을 보고 싶지 않아 '메이크잇 트레이드 스터디'를 통해 본격적으로 차트의 기술적 분석을 공부하였고, 암호화폐의 기술적 분석 및 생태계를 좀 더 깊숙이 공부하면서 투자의 세계관을 넓혀 갔다.

지훈's Coin Story

투자 성향
매수한 종목이 - (마이너스)가 나는 경우에서는 그 금액만큼 벌기 위해서 얼마의 기간이 필요한지 계산해 본 다음 그 기간만큼 기다린다. 즉, '안정추구형'이라 할 수 있다.

투자 성과
이슈만 쫓아다니기 급급했을 때는 그다지 좋은 성과를 거두지 못했다. 손절만 지속했다면 내 소중한 돈을 지키지 못했을 것이다. 사람들이 왜 코인에 투자하냐며 시장을 떠날 때 투자를 시작하여, 오래 보유하고 있었더니 현재 많은 수익을 내고 있다.

코인 투자를 시작한 계기
육군 대위로 4년 4개월을 복무하며 모은 돈이 5천만 원 정도였다. 장난삼아 한 투자가 성과가 너무 좋았고, 모은 돈과 대출로 투자한 4천만 원은 얼마 지나지 않아 3억 원까지 이르렀다. 하지만, 시장은 곤두박질쳤고, 12개월 후엔 1천만 원 남짓만 남게 되었다. 만져보지도 못한 4천만 원의 이자로 매달 18만 원을 내던 지난 3년은 내 인생의 가장 어두운 시기였다.
하지만 이런 힘든 시기에 포기하지 않고 지속해서 공부했다. 주변 사람들은 나에게 종종 말했다. '비트코인에 투자해서 그만큼 돈을 잃었으면서 왜 아직도 거기에 미련을 두냐'고 말이다. 나도 마음이 힘들 때는 그렇게 생각했다. 막연한 기대감이 아닌가 하고 말이다. 하지만 현재는 좋은 성과를 거두고 있다.

경문's Coin Story

투자 성향

우선 투자를 할 때 멘토의 의견을 토대로 베이스를 세우고, 상위 종목에 분할매수 비중 관리로 잃지 않는 매매를 하고 있으며, 얇고 길게 기본적인 매매법을 사용하며 수익을 내고 있다.

투자 성과

중소기업에 일하면서 3년간 모아둔 2천만 원으로 2억 원 가까이 성과를 올렸다. 이 중 1억 원은 가지고 있고 나머지 1억 원으로 투자를 지속하면서 지금까지 수익을 내고 있다.

코인 투자를 시작한 계기

암호화폐를 처음 접한 것은 20217년 9월이었다. 당시 27살로 세 살 많은 군대 후임이 부산에 왔다. 그렇게 오랜만에 만나 식사를 하던 중 후임이 어느 코인 사이트에서 차트를 보고 있었는데 아무것도 몰랐던 나는 막연한 궁금증이 생겼다. 코인 투자의 수익에 관해 이야기를 나누면서 나에게는 꿈만 같던 일확천금을 얻었다는 이야기를 듣고 투자하게 되었다. 하지만 늘 시장가 매수를 하다 보니 금액적으로 많은 손실을 보았다. 더불어 시간에서도 손해를 보았고 정신적으로도 힘들었다. 군대 후임은 어느 정도 수익이 나면 출금 후 다시 그 돈으로 수익을 내곤 하였는데, 나는 욕심에 눈이 멀어 늘 손절하지 못하고 항상 벼랑 끝에 몰렸을 때만 손절하곤 했다. 이런 투자 습관 때문에 2018년에 결국 크게 잃었고, 3년이 지난 지금 강흥보 센터장을 만나서 다시 수익을 올리고 있다. 누구를 만나는지에 따라 눈높이와 삶이 달라진다고 생각하고 있다.

민형's Coin Story

투자 성향
공격적인 편이다. 생각했을 때 사도 되는 자리가 보이면 손절 잡고 무조건 매수를 진행한다. 메이저 알트코인이든 잡알트코인이든 차트상 패턴만 괜찮다고 판단되면 매매 전략을 실행한다.

투자 성과
조금씩 모았던 돈이 약 500만 원이었고 매달 월급의 일부분을 투자한 것이 결국 큰돈이 되었다. 처음엔 1억 원을 보면서 '이제 시작인가?'라는 생각이 들었고, 지속해서 높은 수익을 보면서 결국 지금 초기 자금의 약 200배 이상의 수익을 달성하였다. 물, 전기, 온도, 먹을 것 걱정하지 않는 삶을 사는 것에 감사함을 느낀다.

코인 투자를 시작한 계기
2017년 9월 한창 삼성전자의 주가에 관해서 이야기가 많을 때, 지인에게서 비트코인에 투자해야 한다는 이야기를 들었다. 자고 일어나면 가격이 계속해서 오르고, 삼성전자처럼 엄청난 상승이 있을 것이라면서 내게 투자를 권유했다. 당시 비트코인 가격은 300만 원에서 500만 원이었고, 기존에 주식투자를 하면서 분석을 해오던 나에게 비트코인 상승은 근거를 알 수 없는 상승이었기에 의문을 던졌다. 하지만 10월이 되어 9월 가격보다 더 높이 오른 비트코인 가격을 보고 지인의 말이 바로 떠올랐고, 나는 바로 비트코인 투자를 시작했다.

완순's Coin Story

투자 성향
과거와 현재로 나뉜다. 과거엔 매우 공격적인 성향이었다. 반면 현재는 매우 보수적으로 시장에 참여하고 있다. 성격이 급한 투자자는 시장에서 이길 확률이 매우 낮다. 보수적으로 천천히 시장을 확인하고 대응하는 편이다.

투자 성과
매우 우수한 편이다. 과거에는 마이너스와 플러스를 오가며 변동이 컸지만, 현재는 수익을 적게 내도 잃지 않는 투자 원칙을 지키고 있어 매우 우수한 편이다. 또한, 원금의 6배에 이르는 수익을 내고 있으며, 꾸준히 계좌의 기회비용은 늘어나고 있다.

코인 투자를 시작한 계기
운영하는 사업장의 직원에게 처음 코인에 대해 들었다. 주식으로 우량주에 조금씩 투자하고 있었지만, 코인에 투자하는 것은 생소하였다. 처음엔 반신반의 상태로 '리플'을 백만 원어치 샀다. 그런데 3일 뒤 150만 원이 되어 있었다. 무언가에 홀린 듯했고, 당시엔 비트코인 투자를 안 하면 바보가 되는 것 같았다. 그때부터 주식계좌에 있던 2억 원을 전부 인출해서 코인에 투자했다. 하지만 때는 2018년 초의 극심한 하락장이었고 2/3 이상의 금액을 잃었다. 그 돈은 당시 부동산 투자를 하려고 남겨두었던 시드머니였다. 그렇게 코인 투자의 매운맛을 느끼게 되었고, 이후 투자의 내공을 키우기 위해 노력하였다. 그러다 우연히 강흥보 센터장의 유튜브 방송을 접하게 되면서 본격적으로 기술적 분석을 시작했다.

목차

제1장 암호화폐 투자의 시작

1 암호화폐란 무엇인가?

2 암호화폐 투자를 위한 준비

3 코린이를 위한 암호화폐 5계명

제 2 장 암호화폐, 당장 매매부터 해보자!

제 3 장 암호화폐 시장에서 살아남기

제 4 장 암호화폐 매매를 위한 차트 분석

제 7 장 억 소리 나는 비결

암호화폐
투자의 시작

암호화폐 투자를 시작하기 위해 기초적으로 알아야 할
부분을 살펴본다.

❶ 암호화폐란 무엇인가?

암호화폐(Cryptocurrency)는 블록체인(Blockchain) 기술로 암호화된 화폐를 말한다. 은행의 경우, 모든 거래내역(database)이 해당 은행 서버에 저장이 되며, 은행 서버에 문제가 생기면 내가 예금한 돈은 일정부분만 보호를 받고 나머지 금액은 보호받지 못한다. 은행은 어느기관보다 철저히 보안을 유지하고 있으나, 만약 이런 중앙집권화된 은행의 서버가 해킹당하면 큰 문제가 발생하게 된다.

그러나 블록체인의 경우, 공개된 전산 장부(분산 장부)에 모든 거래내역이 등록되고 이는 모든 사람이 열람할 수 있으며, 여러 컴퓨터에 복사 저장된다. 즉, P2P 방식처럼 중앙 서버가 존재하지 않으며, 거래내역이 등록된 모든 곳이 서버 역할을 하기 때문에 하나의 컴퓨터에 문제가 발생해도 다른 컴퓨터에 저장된 기록으로 인해 거래내역이 안전하게 저장되는 것이다. 만약 해킹을 하려면 거래내역이 저장된 모든 곳의 최소 51% 이상을 해킹해야 하기 때문에 현실적으로도 매우 어렵다. 또한, 모든 사람이 전체 거래내역을 조회할 수 있어서 완벽하게 투명한 정보를 제공받을 수 있고, 거래내역은 오로지 추가만 가능하며 삭제가 불가능하기 때문에 조작도 불가능하다.

거래내역을 저장 및 전송할 때 암호화 과정을 거치고, 그 거래내역을 묶어서 블록처럼 만든 후 기존 블록과 새로 생성한 블록을 체인처럼 엮어서 거래내역이 최종 저장된다. 이렇게 블록들을 체인처럼 엮었다고 해서 이 기술을 '블록체인'이라고 부른다. 쉽게 예를 들어보면, 얇은 A4 용지를 수백 장을 쌓으면 블록처럼 보이듯이, 거래내역이 블록 형태로 저장된다고 이해하면 쉽다.

중앙집권화된 부분의 문제점을 알고 탈중앙화가 목표인 블록체인은, 실제로 우리 사회에 적용되고 있다. 행정안전부에 따르면, 블록체인 기반의 분산 ID인 DID(Decentralized Identifier) 기술을 도입해서 2021년 모바일 공무원증을 도입하였다고 한다. 플라스틱 신분증이 아니기 때문에 잃어버려서 정보가 유출될 걱정도 없고, 본인의 신분증을 개인 스마트폰에 보관하여 필요할 때마다 정보 제공 여부를 스스로 판단하게 된다. 또한, 사용한 내역도 본인만 확인이 가능하고, 중앙 서버에는 내역이 저장되지 않는다.

신분증 발급의 공신력은 있으면서 개인이 사용하거나 검증하는 과정에 중앙이 개입하지 않아 사생활 침해가 없다는 것이 핵심이다.

당장은 신분증부터 시작되지만, 미래에는 관공서뿐만 아니라 모든 곳에서 정보 저장 및 이용을 위해 블록체인 기술을 사용하게 될 것이라고 생각한다.

탈중앙화 신원증명(DID)

개인 정보를 본인 기기에 저장해놓고, 정보 인증 시 필요한 정보만 골라 인증되도록 하는 증명기술이다. 정보 인증 시 불필요하게 노출되는 집 주소, 주민등록번호 등의 유출을 방지할 수 있다.

비트코인이란 무엇인가?

비트코인(Bitcoin, BTC)은 '사토시 나카모토(Satoshi Nakamoto)'라는 익명의 프로그래머가 만들었다고 알려져 있다.

2008년 미국에서 '서브프라임 모기지' 사태가 발생하면서, 2008년 9월15일 미국 4대 투자은행 중 하나인 리먼브라더스(Lehman Brothers; 1850년에 설립된 국제 금융회사로 투자은행, 증권과 채권 판매, 연구 및 거래, 투자관리, 사모투자, 프라이빗 뱅킹 등에 관여하고 있었다)가 파산보호를 신청했다. 모두가 패닉 상황이었다. 누구도 이런 대형 은행이 파산할 것이라고 상상하지 못했고, 해당 은행에 예금한 일반 시민들의 돈은 더 이상 관리가 어려워지게 되었으며, 연관된 금융기관도 모두 커다란 폭탄을 떠안게 되었다. 즉, 잘못은 은행에서 했는데 피해는 일반 시민들이 고스란히 떠안게 된 것이고 이로 인한 연쇄 피해가 발생한 것이다.

이를 신호탄으로 미국의 금융위기를 넘어 전 세계적 금융위기가 불어왔으며, 중앙집권화(은행, 정부)된 시장에 거센 비판이 일어났다. 이 때부터 사토시 나카모토는 은행이나 해킹 없이 탈중앙화된 (독립된) 시장을 계획, 구상하게 되며, 2008년 10월 31일에 〈Bitcoin: A Peer-to-Peer Electronic Cash System〉이라는 제목의 논문을 발표한다.

기존의 시장에서 돈을 찾기 위해서는 은행에 가야 하고, 타인에게 돈을 송금하기 위해서도 은행에 가야 했다. 즉, 은행이라는 기관을 통해서 거래가 이루어지게 되었으며, 은행이 안전하다는 전제(신용)로 이용하며 수수료까지 지불해왔다. 그러나, 글로벌 경제 체제에서 중앙집권화된 경제 시스템이 만약 해킹 등을 통해 무너지게 되면 그 결과가 초래할 문제는 상상 이상이 될 것이기에, 이 리스크를 해결하기 위해서는 중앙에서 관리하지 않는 '탈중앙화'된 경제 시스템 (P2P 분산 네트워크 시스템)이 필요했다. 그런 필요에 의해 중앙 관리기관 없이 참여자들 모두가 관리자가 되는 블록체인 기술이 만들어졌고, 2009년 1월 3일에 '비트코인'을 최초로 출시하였다. 이것이 최초의 암호화폐다.

탈중앙화된 비트코인은 특정 누군가에 의해 관리 받지도 않고, 참여하는 개인과 기업, 채굴자 등 모두가 커다란 네트워크의 일부로 구성된다. 따라서 일부의 네트워크에 문제가 생기더라도 나머지 네트워크로 인해 계속해서 가동된다. 즉, 모두가 관리자인 것이다.

비트코인의 특성 7가지

희소성 비트코인 공급량은 2,100만 개로 한정되어 있기 때문에 희소성이 존재한다.

익명성 거래 시 은행처럼 내 주소나 전화번호 등의 개인정보가 필요 없다.

투명성 모든 거래가 블록체인에 기록되기 때문에 누구든지 모든 거래내역을 확인할 수 있다.

탈중앙화 중앙기관의 허가 없이 바로 거래가 가능하다.

신속성 거래내역은 비트코인 네트워크에 기록되 몇분 내로 확인이 가능하다.

취소불가 한 번 거래된 내역은 그 어떤 경우에도 취소 및 수정이 불가능하다.

글로벌화 국가에 한정되지 않고, 비트코인을 거래하는 곳이면 어디든지 보내고 받을 수 있다.

🔍 알트코인이란 무엇인가?

비트코인을 제외한 모든 코인을 말한다. 알트코인은 비트코인의 문제점(느린 속도, 적용 분야 제한 등)을 해결 및 대체하기 위해서 생겨났다. 앞으로 실생활에 사용될 코인은 비트코인이 유력하지만, 알트코인 중에서 나타날 가능성도 상당히 높다. 그러나 비트코인은 최초 생성된 블록체인 코인이라는 상징적인 의미를 갖기 때문에 알트코인이 비트코인의 방향성을 따라가는 경우가 많다. 즉, 비트코인의 방향성을 보면 알트코인의 추세를 대략적으로 알 수 있다.

　알트코인 중에서도 메이저 알트코인이 있다. 대표적으로 이더리움, 리플, 에이다 등이다. 메이저 알트코인의 경우, 일반적으로 '코인마켓캡(https://coinmarketcap.com/ko/)'에서 시가총액 상위권에 속하는 코인이다. 실제로 메이저 알트코인의 경우 평균거래량이 상당히 높다. 주식과 비교하면 우량주와 비슷하다. 거래량이 적거나 시가총액이 낮은 알트코인의 경우 등락폭이 심하며, 실제로 코인 개발에 총력을 기울이는 곳인지 확인이 힘들기 때문에 투자에 주의가 필요하다.

🔍 채굴, 작업증명, 지분증명

　기존에는 거래가 발생하면 해당 거래에 대해서 사람들이 일일이 위변조를 검증해야 했기 때문에 문제 발생 가능성이 있었지만, 암호화폐는 블록체인이라는 기술을 통해서 이를 해결했다. 계속해서 진행되는 거래내역이 옳은 것인지를 판단하고, 기존 블록에 새로운 블록이 정상적으로 추가되었음을 증명하는 이들을 '채굴자'라고 하며, 해당 채굴자에게는 대가로 코인이 지급된다.

작업증명(Proof of Work, PoW)

　비트코인은 작업증명이라는 합의 프로토콜(합의 알고리즘)을 이용한다. 작업증명이란 목푯값 이하의 해시(무작위 값)를 찾는 과정을 무수히 반복하여 해당 작업(블록체인 연결 작업)에 참여했음을 증명하는 방식이다.

비트코인의 블록 생성 주기는 약 10분(네트워크 상황마다 다를 수 있음)이며, 신규 생성된 블록은 채굴자에 의해서 기존 블록체인과 연결되는 과정을 진행한다. 채굴자는 전세계에서 발생된 거래들을 선별적으로 선택하여 하나의 블록을 만들고, 비트코인에 제시된 채굴 난이도 조건에 만족하는 무작위(nonce) 값을 찾는 과정을 무수히 반복해서, 타 채굴자들보다 유효한 해시값(목푯값 이하의 무작위 값)을 먼저 찾으면 블록 연결과 채굴이 완료된다.

비트코인을 채굴할 때 흔히 그래픽카드로 채굴해야 한다고 알려져 있다. 이유는 그래픽카드에 있는 CPU의 연산 기능이 고효율을 내기 때문이며, 고효율의 연산 기능이 필요한 이유는 무작위 값을 찾는 과정을 일일이 진행해야 하고 남들보다 먼저 찾아야 하기 때문이다. 이 방법은 별도의 채굴 장비가 필요하며, 필연적으로 많은 에너지를 소모한다. 컴퓨터 파워를 높이는 만큼 더 많이 채굴할 수 있지만, 이로 인한 전기 사용에 따르는 탄소 배출 등 환경적 문제가 지적되기 시작했고, 이 문제를 보완하기 위해서 '지분증명'이라는 합의 프로토콜이 개발되었다.

작업증명 방식으로 채굴하기 위해서는 고가의 장비들이 필요하고, 이 고가의 장비들로 채굴을 진행할 때 많은 열기가 발생됩니다. 그렇기 때문에 채굴할 때 에어콘을 사용하면서 발열을 잡으려고 하며, 에어컨의 전기세를 피하기 위해서 북쪽의 비교적 기온이 낮은 러시아에서는 대규모 채굴장이 성행하기도 하였습니다.

지분증명(Proof of Stake, PoS)

지분증명은 코인 보유 지분에 따라 의사결정 권한(블록에 기록할 권한, 블록을 생성할 권한)을 확률적으로 부여하는 합의 알고리즘 방식이다. 즉, 지분이 많을수록 권한을 받을 확률이 높아진다.

대표적으로 에이다(ADA)가 이 합의 프로토콜을 이용 중이다. 코인을 많이 보유할수록 블록을 생성할 수 있는 권한이 확률적으로 높아지고, 그에 비례하여 보상받는 방식이다. 즉, 작업증명과는 다르게 많은 에너지가 필요하지 않고, 별도의 채굴 장비도 필요하지 않다.

코인을 보유하고 있다고 해서 무조건 권한이 생기는 것은 아니다. 해당 권한을 받기 위해서는 해당 코인 네트워크에 원하는 만큼 수량을 예치해야 한다. 이를 '스테이킹(Staking)'이라고 한다(스테이킹 중에는 매매가 불가능하고, 매매를 하기 위해서는 다시 스테이킹 해제 과정을 진행해야 한다). 일정 수량을 예치하면 이자가 생긴다고 이해하면 쉽다.

한편으로는, 한 사람이 수많은 양의 코인을 보유하게 될 경우 결국 중앙집권화가 되는 것이 아니냐는 비판과 함께, 많은 지분을 가진 사람의 의도적인 조작이 발생하면 결국 탈중앙화되지 않는다는 지적도 있다. 이론상으로는 중앙집권화가 일어날 수 있지만, 그렇게 되기 위해서는 어마어마한 자본력인 필요하기 때문에 현실적으로는 어렵다고 봐야 한다.

이외에도 DPoS, PoI, PoA 등 다양한 합의 프로토콜이 생겨나고 있다. 어떤 것이 가장 나은 방식인지는 좀 더 시간이 지나봐야 알 수 있지만, 더 안전하고 효율적인 방식이 계속해서 생성되는 것은 사실이다.

❷ 암호화폐 투자를 위한 준비

🔍 거래에 필요한 금액

결론부터 말하자면, 만 원 이상만 있으면 바로 매매가 가능하다. 비트코인 거래는 가격과 상관없이 거래가 가능하다. 주식에서 거래를 하기 위해서는 1주, 2주, 5주 등 1주 단위 이상을 거래해야 한다. 또한, 그 주식의 1주 가격이 8만 원이면, 최소한 8만 원 이상의 현금은 있어야 거래가 가능하다. 그러나, 비트코인 거래는 0.001개, 심지어 0.0000001개도 거래가 가능하다. 따라서, 매우 적은 금액으로도 바로 투자를 시작할 수 있다. 즉, 투자를 하기 위한 초기 자금 하한선이 존재하지 않는다. 이는 엄청난 메리트다(단, 코인에는 하한선이 없으나 거래소별 최소 거래금액이 있기에 이를 먼저 확인해야 한다).

🔍 어떤 거래소를 이용하는 게 좋은가?

거래소를 선택할 때는 매우 신중해야 한다. 어려울 것 없이 핵심은 3가지다.

> 1. 거래량이 많은가?
> 2. 보안이 뛰어난가?
> 3. 서비스가 괜찮은가?

위 3가지를 충족하는 조건의 거래소를 찾는 가장 간단한 방법은 '잘 알려진' 거래소를 선택하는 것이다. 대표적으로는 업비트, 빗썸, 코인원, 코빗이 4대 거래소라 볼 수 있다. 왜 잘 알려진 거래소를 선택하는지는 역으로 생각해보면 이해하기 쉽다.

많은 사람들이 이용한다는 것은 그 거래소에서 거래가 활발하게 이루어지고 있다는 것을 의미한다. 즉, 거래량이 많기 때문에 매매 시 거래량 부족으로 인한 가격 차이 때문에 불이익을 받지 않을 가능성이 높다.

그리고 회원들의 안전한 거래를 위해서 거래소에서 보안에 대한 투자 등의 노력이 이루어지고 있는지도 중요하다. 거래소에서는 이용자가 많으면 수수료로 수익을 내고, 이용자를 붙잡아두기 위해서 더 나은 보안방안을 내놓게 된다. 결국, 이용자가 많은 거래소일수록 보안성이 높다.

또한, 이용 회원이 많다는 것은 그 거래소에 다양한 서비스를 요구하는 사람이 많다는 것을 의미한다. 거래소는 회원들을 놓치지 않기 위해서 회원들이 요구하는 각종 서비스를 제공하게 되고 그렇게 이용자들은 좀더 편의성 높은 거래를 진행할 수 있는 것이다.

대중매체에서 '거래소 먹튀', '거래소 해킹' 등의 이슈를 들어봤을 것이다. 해당 이슈는 일반적으로 잘 알려지지 않은 거래소에서 발생한다. 코인을 잘 모르는 사람을 타깃으로 엄청난 이벤트와 꿈같은 보상이 있을 것이라고 홍보한 뒤에 현금이 입금되면 거래소를 없애버리고 돈을 가져가는 것이다.

잘 알려진 거래소는 해킹을 당한다고 하더라도 그에 대한 대응 방법과 여유 자금이 있기 때문에 혹시나 해킹이 된다고 하더라도 보상할 수 있는 준비가 충분히 되어 있다.

또한, 위 4대 거래소는 가상자산 '트래블 룰(Travel rule)'에 공동 대응할 합작법인 설립을 위해 MOU를 체결했다. 트래블 룰이란 국제자금세탁방지기구(FATF)에서 요구하는 '자금 이동 규칙'으로, 자금 세탁 방지를 위해서 거래소 간에 가상자산을 주고받을 때, 보내는 사람과 받는 사람의 정보를 제공하도록 하는 규정이다. 대한민국에서 정식으로 코인 거래소를 운영하기 위한 기준에 부합하기 위해 노력하는 거래소를 선택하는 것이, 장기적으로 내 자산을 보호할 수 있는 안전한 방법이 될 것이다.

만약, 해외 거래소를 이용하고자 한다면 굉장히 신중해야 한다. '나'의 계정이라 하더라도 해외 거래소 이용 후 다시 국내 거래소로 코인을 이동할 때, 그 코인의 자금이 어떻게 생성되었는지 증명하는 서류를 거래소에 제출해야 할 수도 있다. 이는 자금세탁방지를 위함이 가장 크다.

또한, 거래소를 이용하려면 하나의 거래소를 이용하는 것이 좋다. 그 이유는 여러 거래소를 이용할 경우 관리도 어렵지만, 코인 이동 시 실수로 지갑 주소를 오입력하거나 글자를 하나라도 빠뜨리면 오입금이 발생하여 그 코인을 찾기까지 상당 시간이 소요될 수도 있고, 영원히 복구가 불가능할 수도 있기 때문이다.

그렇지만 잘 알려진 거래소에서는 코인 오입금 시 복구가 가능한 케이스가 상당히 많다. 블록체인 특성상 기술적으로 복구가 불가능한 경우가 많지만, 때에 따라서는 복구가 가능한 경우도 있어서 잘 알려진 거래소를 이용하는 것이 좋다.

거래소 선택의 조건
1. 거래량
2. 보안
3. 서비스

❸ 코린이를 위한 암호화폐 5계명

📈 제1계명: 암호화폐 시장은 365일 24시간 열려 있다

투자는 결국 '시간에 대한 투자'라고 해도 과언이 아닐 것이다. 암호화폐 시장은 365일 24시간 열려있는 만큼 기회 또한 상당히 많다. 성격이 조급하다면 좋은 매수 타이밍을 기다리지 못하고 급하게 매수하는 일이 상당히 많을 것이다. 암호화폐 시장은 전세계가 동시에 움직이는 만큼 정보에 기민하게 반응하고 시장에 예민하게 반응할 필요가 있겠지만, 오늘을 놓쳐도 앞으로 남은 기회는 많다는 것을 잊지 않도록 한다.

📈 제2계명: 눈에 보이는 %에 현혹되지 마라

암호화폐 시장은 변동성이 상당히 크다. 시장이 좋을 때는 100%를 넘어가는 빨간색 불에 현혹되어 200%에 갈 거라는 망상에 사로잡혀

손가락이 움직이기 마련이다. 운이 좋아 200% 상승을 함께 하더라도 다시 떨어지는 일이 빈번히 일어난다.

🔍 제3계명: 시장을 다 잡아먹을 생각하지 마라

코인 시장에 들어와서 어마어마한 수익을 한 번이라도 맛보면 마치 내가 잘 사고 잘 팔았다는 착각에 빠질 수 있다. 하지만 한순간의 자만 때문에 수익을 내기 전의 계좌로 순식간에 돌아갈 수 있다. 달릴 때는 달리고, 쉴 때는 쉬어주는 느긋함이 필요하다.

🔍 제4계명: 가늘고 길게 가야, 굵고 길게 간다

특정 종목에 비중을 많이 두지 않았는데, 가격이 상승하면 나도 모르게 비중 관리를 뒷전에 두고 많은 금액을 투여하는 경우가 있다. 하지만 예상대로 되지 않고 후회만 남게 되는 경우가 많다. 큰 수익을 얻지 못하더라도, 욕심없이 자신의 원칙에 따라 매매를 하는 것이 정신과 육체를 힘들게 하지 않고, 쌓이고 쌓여 더 큰 수익을 노릴 수 있다.

🔍 제5계명: 코인 시장에 들어왔으면 -50%는 각오하라

　비트코인이 10% 떨어질 때, 알트코인의 변동 폭은 상상할 수가 없다. 어제 3,000원이었던 코인이 오늘 1,500원이 되는 일이 다반사다. 미래는 누구도 정확히 예측할 수 없을 뿐더러, 무지막지한 변동성은 주식 시장에서는 볼 수 없는 마이너스를 선사할 때도 있다. 하지만 그에 반해 상승 폭도 큰 것이 코인 시장이다. 오늘 1,500원이 다시 3,000원이 되는 것도 시간 문제다. 가격에 꽂히지 않고, 시장의 흐름을 파악하고 전략으로 변동성을 이기는 심리를 키우는 것도 중요하다.

김프란 무엇인가?

    주식은 여러 증권사에서 거래를 할 수 있고, 서로 다른 증권사라도 같은 종목은 가격이 동일하다. 키움증권에서 보는 삼성전자와 NH투자증권에서 보는 삼성전자의 가격은 동일하다. 그러나, 코인의 경우 거래소별로 가격이 상이하다. 주식거래의 경우 증권사를 통해서 거래를 하지만 실제로는 중앙 서버에서 거래가 진행되는 것이다. 그러나 코인은 중앙 서버 없이 오로지 각 거래소 내부에서 거래가 되기 때문에 거래소별 코인 가격이 완벽히 일치할 수 없는 것이다.

    여기서 국내 거래소의 가격은 비슷한 경우가 있으나, 국내 거래소와 해외 거래소의 시세는 상이할 수 있다. 예를 들어, '어떤' 코인 가격이 국내 A 거래소에서는 100원이고 국내 B 거래소에서는 101원으로 거의 차이가 나지 않지만, 해외 A 거래소에서는 96원이고, 해외 B 거래소에서는 94원일 수 있다. 이를 '김프가 있다', '김프가 끼었다'라고 말한다.

    김프란, '김치 프리미엄'을 줄인 말로 국내 거래소에서 거래되는 코인 가격이 해외 거래소에서 거래되는 코인 가격보다 높은 현상을 말한다. 이는 코인 가격이 상승할 때 투자자들의 투자 성향으로 인해서 나타나게 되며, 2018년도 1월에는 김프가 50%인 때도 있었다. 반대로 국내 거래소에서 거래되는 코인 가격이 해외 거래소에서 거래되는 코인 가격보다 낮은 현상은 역프(역김치 프리미엄)라고 말한다.

3년 동안 비트코인으로 월급 받은 직원

　3년간 비트코인으로 월급을 지급받은 직원이 있다. 당시 '코인베이스'의 첫 사원으로 입사한 올라프 칼슨 위는 2012년 바사르대학 사회학과를 졸업할 당시 〈비트코인과 오픈소스 금융의 더 큰 의미〉라는 제목의 학위 논문을 제출했고, 60페이지에 달하는 해당 논문을 코인베이스에 보내면서 정식사원으로 합격한다. 코인베이스의 첫 번째 직원이 된 올라프는 고객 지원 업무를 담당하면서 초봉 5만 달러를 받았는데, 모든 월급은 비트코인으로 지급되었다. 2013년부터 2016년 3년간 회사에 일하며 위험관리 부장 자리에 오르기까지 올라프는 계속 비트코인으로 월급을 받았다. 입사 당시 13달러(한화 약 14,500원) 수준이던 비트코인의 가격은 급등했고 퇴사 무렵 비트코인은 1,000달러에 육박했다.

　실제로 올라프가 보유 중인 비트코인이 어느 정도인지 알려진 바는 없으나 2016년 코인베이스를 퇴사한 그는 암호화폐 전문 헤지펀드 '풀리체인캐피털'을 설립하고 CEO로 변신했다. 미국 경제지 〈포브스〉에 따르면 풀리체인 캐피털의 운용 자산이 3억 달러(한화 약 3,342억 6,000만 원)가 넘는다고 하니 연봉 5,500만 원을 받던 신입사원 시절과는 비교할 수 없는 수준이다.

《 ₿ 제 2 장 ₿ 》

암호화폐, 당장
매매부터 해보자!

본 장에서는 여러 설명보다는, 일단 매매부터 해보면 어떻게 거래가 진행되는지 알기 편하다.

❶ 지갑 개설/거래소 이용

🔍 거래 방법

거래는 일반적으로 거래소에서 진행한다. 거래를 진행할 때 거래소에 일정액의 수수료를 지불하며, 주식 매매 방식과 흡사하기 때문에 편리하다. 만약, 거래소를 통하지 않고 개인 간의 거래를 위해서는, 별도로 개인지갑을 만들어서 주고받아야 한다. 개인 간의 거래 시에는 별도의 수수료가 부과되지 않으나 거래소에서 거래하는 방법과는 많이 다르다.

🔍 지갑이 필요한 이유

코인은 물리적인 형태가 없기 때문에 이론적으로 어디에든 저장할 수 있다. 따라서 중요한 것은 자신의 코인 주소와 거래 서명을 보관하는 데 사용되는 개인키(private key)로, 이를 매우 안전하게 보관해야 한다.

코인지갑은 크게 '핫 월렛(Hot Wallet)'과 '콜드 월렛(Cold Wallet)'으로 나뉜다. 코인지갑을 나누는 기준은 인터넷 연결 유무인데, 핫 월렛의 경우 온라인 거래 시에만 사용이 가능하고 실시간으로 정보를 주고받는 특성 때문에 핫하다고 표현한다. 반면 콜드 월렛은 오프라인에서 동작하는 지갑으로 상시 인터넷에 연결되어 있지 않아 보안에 용이하다.

핫 월렛: 거래소 계정 생성 시 부여되는 고유한 지갑

장점 편리한 UI를 이용할 수 있음. 시세를 파악하기 용이하며, 거래소 간 이용이 자유로움

단점 해킹에 대한 불안감(그러나 소규모 거래소에 해당)

콜드 월렛: 하드웨어 지갑을 구매하여 사용하는 지갑

장점 거래소에 일어날 수 있는 해킹을 사전에 방지. 반 영구적으로 개인이 보관이 가능

단점 개인키(Private key, 지갑 열쇠)를 분실할 경우 복구 방법이 없음

코인별로 활용할 수 있는 상품의 이용 서비스
: 보팅(voting), 스테이킹 등

🔍 종이지갑

코인지갑에서 가장 중요하게 다뤄지는 '종이지갑(Paper Wallet)'에 대해 알아보자. 종이지갑은 코인을 받는 데 필요한 공공 주소와 개인키 정보가 적혀 있는 종이 쪽지를 말하며, 이는 그 주소에 저장되어 있는 코인을 지출하거나 송금하는 데 필요하다.

종이지갑은 QR 코드 형태로 인쇄되어 있는 경우도 있으며, 이를 스캔하여 소프트웨어 지갑에 추가해 거래할 수도 있다. QR 코드 형태의 지갑은 인쇄할 수도 있으며, 이를 위조가 불가능한 디자인이나 홀로그램 레이블로 만들어주는 서비스도 있다.

그렇다면 '종이지갑'을 지원하는 사이트에 대해서 알아보자. 비트코인 이외 많은 코인들을 저장할 수 있는 종이지갑을 서비스하는 사이트를 소개한다.

🔍 지갑 만드는 법

비트코인월렛, 마이이더월렛, 마이크립토월렛 등 암호화폐 지갑을 지원하는 곳이 122개나 존재한다. 이중 대표적인 두 개의 사이트를 소개한다.

블록체인닷컴(blockchain.info)

블록체인닷컴은 현재 많은 유저들이 사용하는 블록체인 지갑 플랫폼으로 비트코인 등 다양한 지갑을 사용할 수 있다.

지금부터 블록체인닷컴의 지갑을 개설해보자.

1 계정 생성

계정은 이메일만 있으면 손쉽게 만들 수 있다(자신이 기억하고 있거나 자주 사용하는 메일을 넣으면 뒤에 있을 이메일 인증을 조금 더 쉽게 할 수 있다).

비밀번호 설정은 영문/숫자 조합에 특수문자를 꼭 기입하자(비밀번호를 잃어버리면 낭패를 볼 수 있으니 문장과 특수문자를 함께 조합하면 기억하기 쉽다).

> 이상적인 암호 예시로 가족 이름, 개 이름, 첫 사랑 이름 등 '이번장에 1억!!', '여친러브!!' 이런 방식으로 작성했다.

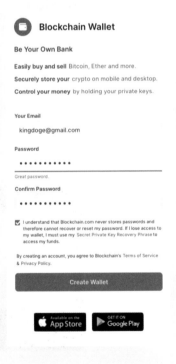

2 　 이메일 인증하기

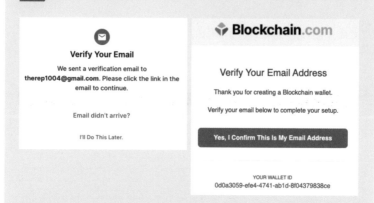

이메일 인증을 위해서는 본인의 이메일로 들어가서 인증을 완료해야 한다. 오른쪽 사진과 같이 이메일로 인증 메시지가 오면 파란색 버튼을 눌러 인증을 완료한다.

이제 여러분은 블록체인닷컴(blockchain.info)에 가입했다.

3 　 로그인하기

자신이 가입했던 이메일과 비밀번호를 입력 후 로그인한다(비밀번호를 입력 후 본인의 이메일로 접속을 확인한다).

4 지갑 생성 준비하기

홈페이지 우측 상단에 보이는 '보안(Security)' 버튼을 클릭한다.

지금부터 위 사진에 보이는 세 가지 인증을 진행한다.

- 이메일 인증: 이메일 인증은 가입할 때 입력했던 이메일로 인증을 완료했을 것이다(이메일과 비밀번호는 잘 기억하길 바란다).
- 문자 인증: 핸드폰의 문자메시지로 인증하는 방식이다(대한민국 인증코드는 '+82').

- 구글 OTP: 구글 OPT 앱을 받아서 보안 인증하는 방식이다(많은 사람들이 사용하는 방법이다).

1. Scan this QR code with your Authenticator app.
2. Enter the random number presented below.

111 222

Verify Code

위의 왼쪽 그림의 버튼을 누르면 오른쪽 그림과 같은 QR 코드로 인증하기와 설정 키 입력하기가 뜬다. 그다음 핸드폰의 구글 OTP를 연다.

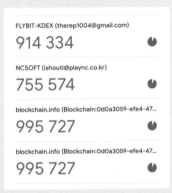

우측 아래에 있는 '더하기(+)' 기호를 누른다(필자는 이미 많은 거래소를 이용하고 있는 관계로 OTP 목록이 많다).

계정 세부정보 입력란에 '계정-블록체인닷컴/키-111 222'와 같은 형태로 입력한다. 그러면 오른쪽과 같이 카메라가 켜지고 위의 QR 코드 이미지를 인식한다.

5 ┃ 비밀 개인 키 복구 문구 작성

이 부분이 매우 중요한 포인트이다. 비밀번호를 잃어버려도 개인 키 복구 문서만 있으면 다시 로그인이 가능하다(여기서 생성되는 모든 것들은 따로 외장하드나 PC에 꼭 저장하자).

← 비밀 개인 키 복구 문구	← 구문 확인
이 12개의 단어를 순서대로 주의 깊게 쓰십시오. 비밀 개인 키 복구 문구를 이메일로 보내거나 스크린샷을 찍지 마십시오.	아래 보이는 숫자와 일치하는 단어를 입력하세요.

비밀 개인 키 복구 문서 12개를 꼭 기억해두자(영어 단어를 사용하니 한글로 번역되어 있다면 영문으로 다시 바꾸길 바란다). 그리고 숫자와 일치하는 단어를 입력한다.

왼쪽 사진의 성공 표시와 오른쪽 사진의 체크 표시 세 개가 모두 보이면 여러분은 블록체인 지갑을 가질 수 있는 요건을 모두 갖춘 것이다.

이제 모든 미션을 완료했으니 비트코인 지갑 주소를 만들어보자.

상단 메뉴 중 'Request' 버튼을 눌러 코인 목록을 켜보자.

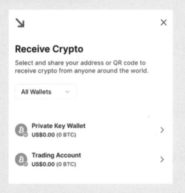

'Private Key wallet(개인 보안지갑으로 거래를 하지 않고 보관용으로 사용되는 지갑)'과 'Trading Account(거래 지갑으로 거래소 및 개개인 교환을 목적으로 두는 지갑)' 총 2가지의 지갑을 생성할 수 있다.

개인 키 지갑을 누르게 되면 오른쪽 페이지와 같은 화면이 나온다.

개인 키 지갑
US$0.00 (0 BTC)

주소
bc1q6qythh3s3q4nkt54vw79svdqshpvsw7k
43t5lu

닫기

이제 나만의 개인 보안 지갑이 생겼다. 주소를 복사해서 보낼 수 있고, QR 코드를 이용해서 송금받을 수 있다.

블록체인인포 아이디를 저장할 때는 비밀 개인키를 꼭 따로 저장하도록 합니다. 비밀 개인키를 잃어버리고 비밀번호도 잃어버린다면 그 계정에 있는 코인은 세상 밖으로 나올 수 없습니다.

MEW **마이이더월렛(myetherwallet.com)**

마이이더월렛(MEW)는 이더리움을 기반으로 서비스하는 블록체인 지갑 플랫폼이다.

1 마이이더월렛(www.myetherwallet.com)에 접속

2 메인화면에 있는 'create a new wallet'을 클릭

영어가 약한 사람은 상단에 있는 한/영 변환을 사용하자.

3 Keystore 파일 저장

'Software' 버튼을 클릭한다.

Create wallet using software

Keystore File
Using a keystore file online makes your wallet more vulnerable to loss of funds. We don't recommend this method of wallet creation.

Mnemonic Phrase
Using a keystore file online makes your wallet more vulnerable to loss of funds. We don't recommend this method of wallet creation.

⚠ **NOT RECOMMENDED**
This information is sensitive, and these options should only be used in offline settings by experienced crypto users.
Learn more

'Keystore file'을 클릭한다.

우리가 블록체인닷컴과 같이 키를 저장하는 단계이다. 블록체인닷컴에서 중요하게 강조했던 '키'를 저장하는 것과 동일하게 여기에서 만들어지는 것도 따로 보관하도록 하자.

Create Wallet with Keystore File

STEP 1. Create password   STEP 2. Download keystore file   STEP 3. Well done

STEP 1
Create password

Password

Confirm Password

비밀번호는 기억하기 쉬운 것으로 하되 보안은 완벽한 조합으로 구성한다.

그렇다면 이러한 안내가 나온다.

블록체인지갑은 절대적으로
다음 세 가지를 명심하도록 합니다.

1. 절대 잃어버리지 마라!
2. 절대 공유하지 마라!
3. 따로 저장해 두어라!

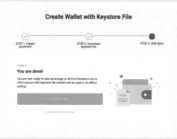

이렇게 마이이더월렛(MEW) 지갑을 생성했다.

블록체인은 해킹이 불가능하나 코인지갑은 해킹이 가능합니다. 개인지갑을 아무 곳이나 놔두면 누군가는 그 지갑에 있는 내용물을 가져가게 됩니다. 그렇기에 우리가 만든 블록체인 지갑에 대한 정보도 따로 꼭 잘 보관하도록 합니다.

❷ 거래소 이용하기

전세계적으로 많은 거래소가 있다. 실제 https://coinmarketcap.com/ko/rankings/exchanges/로 들어가면 엄청나게 많은 코인과 거래소가 서비스 중인 것을 확인할 수 있다. 대개 많은 거래소가 코인거래 서비스를 지원하고 있지만, 간혹 불법적인 거래를 지원하고 그것으로 사기행각을 벌이는 거래소도 있으니 여러 방면에서 알아보고 자산 거래에 이용하길 바란다.

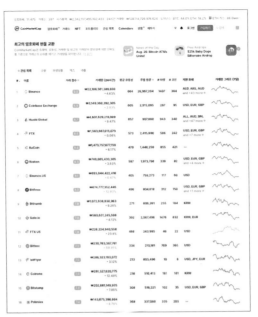

실제로 거래되고 있는 거래소의 랭킹을 보여주는 사이트이다

위와 같이 거래소는 2021년 8월 기준으로 총 397개가 있으며, 11,475개의 암호화폐 거래 서비스를 지원하고 있다. 이 책에서는 가장 많이 사용되는 국내 4대 거래소와 바이낸스(Binance)라는 대형 거래소의 거래 방법을 다룬다.

 **국내 4대 거래소**

|  bithumb | 빗썸 |

실제로 빗썸은 우리나라에서 거래량이 매우 많은 거래소로 유명하고 제일 먼저 탄생한 거래소이다. 184개 코인들의 거래를 지원하고 있으며, 하루에 1조 원 이상의 금액이 거래되고 있다.

1 홈페이지 접속(www.bithumb.com)

빗썸 홈페이지로 접속하면 위와 같은 화면이 뜬다.

휴대폰 본인 확인을 누르고 본인 인증을 진행하자.

빈 칸에 기입하고 반드시 비밀번호를 기억하도록 한다.

빗썸은 중앙농협의 계좌를 발급해야만 거래가 가능하다(타 계좌/단위농협은 거래가 불가능하다).

3 거래하기

왼쪽의 코인 목록을 확인하면 원하는 코인을 살 수 있다.

비트코인 매수

'주문가격'에 원하는 가격을 적고 수량을 기입한 뒤 주문금액을 확인하고 매수 버튼을 누르면 된다.

ⓒ coinone   코인원(Coinone)

코인원은 깔끔한 UI와 프로차트, 실시간 채팅이 가능한 것이 특징이다. 거래 되고 있는 코인의 개수는 218개, 하루 거래대금은 약 2,800억 원 정도이다.

1   홈페이지 접속(www.coinone.co.kr)

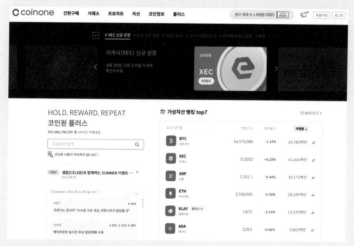

코인원 메인 홈페이지

이메일 인증

휴대폰 인증

카카오 간편인증

이메일 인증 → 휴대폰 인증 → 추가 채널 인증 → 은행계좌 인증의 순서로
진행한다.

UPbit 업비트

필자는 업비트를 가장 많이 쓴다. 2017년 10월에 탄생한 거래소이고 대한민국에서 가장 많은 암호화폐를 거래할 수 있는 거래소이자 카카오톡 계정이 연동되어 편리하다.

총 313개의 암호화폐를 거래하고 하루 거래대금은 약 1조 원 정도 된다.

1 홈페이지 접속(www.upbit.com)

필자의 생각으로도 편리한 거래환경과 시스템 덕에 많은 사람들이 업비트를 이용하는 것 같다. 업비트와 카카오톡이 연결이 되어 있어서 손쉽게 거래할 수 있는 환경 덕에 어느 공간에서든지 코인을 거래할 수 있다.

비트코인 차트를 보여주는 사진

비트코인 호가를 보여주는 사진 1   비트코인 호가를 보여주는 사진 2

❶ 업비트 앱 설치 후 실행

❷ 카카오 계정으로 가입 후 휴대전화 번호 인증하기

업비트 앱을 설치하고 '카카오계정으로 시작' 부분을 누르고, 동의 후 계속한다(이 부분이 필자가 가장 좋아하는 부분이다). 카카오 계정으로 로그인을 해서 가입해보자!

> 아이디 비밀번호가 많이 어색한 세대들은 비밀번호 및 계정을 찾는 것에 많은 애로사항이 있을 것이다(주변에 젊은 사람이 있다면 물어보는 것도 하나의 방법이다).

업비트 닉네임을 정하고 동의사항을 읽어본 후 체크한다. 업비트에서 닉네임은 본인임을 식별하기 위한 수단으로도 이용되기 때문에, 반드시 기억할 수 있는 것으로 정하거나 별도로 메모해두자.

그리고 휴대전화 번호를 인증한다. PASS앱 인증이 없거나 안 되면 아래에 있는 '문자로 인증하기'를 눌러서 진행하면 된다.

❸ 고객확인 절차 진행하기

휴대전화 인증이 완료되었다면 고객확인 절차를 진행한다. 기본정보와 필수정보를 입력하고, 본인 명의의 신분증을 인증한다.

❹ 은행 계좌 인증하기

은행 계좌 인증을 진행한다. 계좌 인증 시 어떤 은행이든 인증 수단으로 이
용은 가능하지만, 원화 입출금을 하기 위해서는 '케이뱅크 은행 계좌'가 필
요하다(미리 케이뱅크 은행 계좌 개설을 해놓으면 빠른 진행이 가능하고,
그렇지 않다면 다음 과정에 케이뱅크 은행 계좌 개설 방법이 있으니 확인하
면 된다).

은행 입금내역을 조회하면 입금된 1원의 입금자명에서 인증번호 3자리가
확인 가능하다. 그러면 ARS 인증을 진행한다. 인증전화 요청이 오면 전화
를 끝까지 듣고, 화면에 표기된 숫자를 입력한다.

❺ 마지막 2채널 추가 인증(카카오페이 인증)하기

미등록 2채널 추가 인증 클릭 → 인증활성화 클릭 → 카카오페이로 온 메시
지 확인하기 클릭 → 카카오페이 인증 → 완료

3 케이뱅크 은행 계좌가 없다면? K뱅크 가입하기

준비물로 신분증, 본인 명의 핸드폰, 본인 명의 계좌가 필요하다.

❶ K뱅크 어플 다운로드

구글플레이에서 '케이뱅크' 검색 후 다운로드한다.

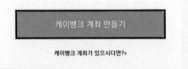

❷ 본인 인증

약관 전체 동의한 뒤 개인정보 삽입 후 인증 절차를 진행한다.

❸ 계좌비밀번호 입력

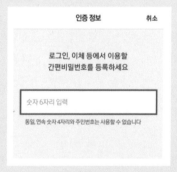

❹ 상품이용약관 동의 체크

❺ 고객 정보 입력

❻ 통장계좌 비밀번호 입력

거래한도제한으로 이체/출금 한도가 1일 100만 원으로 제한된다.

❼ 신분증 확인

본인 확인을 위해 주민등록증 또는 운전면허증을 핸드폰 카메라로 촬영한다.

❽ 추가 인증

본인 명의 타은행 계좌번호 입력 → 타은행 계좌번호로 입금된 메모 입력

추가인증

취소

본인 명의의 타행 계좌번호를
입력해주세요.

은행 / 증권사 **기업**

계좌번호

가상계좌번호, 평생계좌번호는 이용할 수 없습니다.

계좌 확인

입력하신 계좌로 1원을 보내드렸습니다.
입금자로 표시된 숫자 4자리를 입력해 주세요.

1234 케이뱅크 입금 1 원

입력계좌: 기업(31206306501019) 변경

인증번호 숫자 4자리 입력 0576

확인

❾ 입출금통장 개설 완료

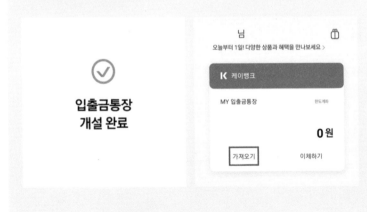

✓

**입출금통장
개설 완료**

님

오늘부터 1일! 다양한 상품과 혜택을 만나보세요 >

K 케이뱅크

MY 입출금통장 한도계좌

0 원

가져오기 이체하기

홈 → 가져오기 → 다른 은행 계좌 추가 → 약관 동의 및 본인 인증, 계좌 인증
→ 가져오기 클릭 → 타은행 계좌에서 가져올 금액 설정 → 가져오기 클릭 →
K뱅크 비밀번호 입력

⑩ K뱅크로 타은행 계좌의 돈을 입금하기

4 업비트 보안등급 설정하기: 원화 입금 전 단계

❶ 레벨 2 휴대폰 본인 인증 설정 방법

내정보 탭 → 보안등급 클릭 → 레벨 2 인증 클릭

❷ 레벨 3 입출금 계좌 설정 방법

레벨 3 인증 클릭 → 뱅크 클릭 → 실명 확인 유의사항 및 동의 클릭 → K뱅크에 입금된 3자리 숫자 입력해서 인증하기 → ARS 인증 요청 → 계좌등록 성공 → 진행 클릭

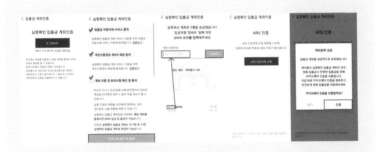

❸ 2채널 추가 인증 설정 방법

레벨 4 인증 클릭 → 인증활성화 클릭
→ 카카오페이로 온 메시지 확인하기 클릭

❹ 업비트 원화 입금

입출금 클릭 → 원화 → 입금하기 → 입금액 최소 5,000원 이상 → 입금 신청

보이스피싱 등 금융사고 예방을 위해 첫 입금 후 72시간 동안 모든 디지털
자산의 출금이 제한되어, 은행점검시간(매일 23:50~00:10)에는 입금서비스
이용이 원활하지 않을 수 있다.

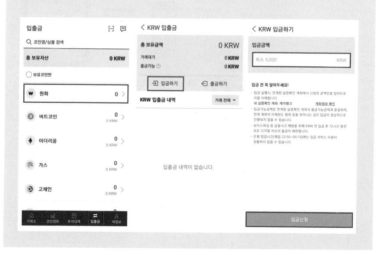

그럼 비트코인을 거래하기 전에 거래소에 있는 코인 지갑을 생성해보자.

거래소 상단 메뉴 중 '입출금'을 클릭하면 이렇게 다양한 코인들이 존재한다. 그러면 거래소에 있는 비트코인 지갑을 만들어보자. 비트코인 입출금 버튼을 클릭하면 '입금주소 생성하기'가 있다.

이제는 실전이다. 지금까지 비트코인닷컴에서 지갑을 생성했고 업비트 거래소 지갑을 생성했다. 업비트 거래소에서 비트코인을 구매한 뒤 비트코인 닷컴 지갑에 옮겨보도록 하자.

그러면 비트코인 매수 후 출금 신청을 해보자.

입금주소	출금신청	입출금내역

출금방식 ?	● 일반 출금	○ 바로 출금
출금가능 ?		0 BTC
출금한도 ?	5,000,000,000 KRW 남음	
출금주소	입력하거나 선택하세요	▼
출금수량	최소 0.001 BTC	
	10% 25% 50% 최대	
출금수수료(부가세 포함)	0.00090000 BTC	
총출금(수수료 포함)	0.00090000 BTC	
메모 남기기(선택)		⌄

아래 BTC 출금 안내 및 주의사항을 읽고 동의합니다.

- 일반출금: 비교적으로 수수료를 적게 내면서 시간이 걸리는 송금
- 바로출금: 더 많은 수수료를 지불하고 빠르게 송금할 수 있다.

출금 주소를 입력하는 칸에 보내려고 하는 지갑 주소를 잘 확인하고 입력해야 합니다.

출금 인증 뒤 입출금내역에 들어가보자. 비트코인의 경우 대략적으로 10~30분, 길게는 1시간 이상 걸릴 수 있다.

거래ID	9a15641fe76e3c379226b3a7244669b2a4a9a5a4f4c04e2e c595bf46001d983c

파란색 거래ID를 클릭한다.

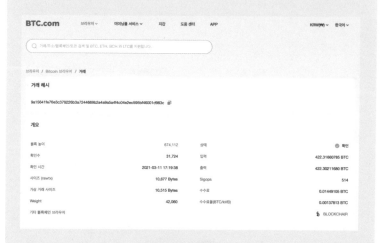

위 사진은 내가 보낸 비트코인의 블록체인 승인 과정이다. 예를 들면 은행에서 내가 보낸 돈이 송금되는 과정과 같다.

지갑 주소를 잘 기입했는지 여러 번 확인해야 합니다. 만약 비트코인 주소를 잘못 기입해서 보내게 되면 찾지 못하는 불상사가 발생할 수 있습니다.

전 세계의 많은 사람들은 1등 거래소 바이낸스를 이용한다. 필자 또한 이 거래소를 통해서 높은 수익을 냈다.

1 홈페이지 접속 (www.binance.com)

오른쪽 상단에 있는 'Register'를 클릭한다.

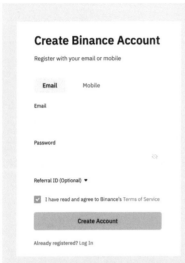

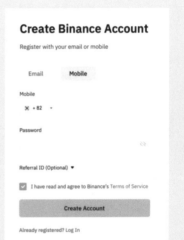

- 이메일과 비밀번호를 입력하고 'Create Account' 클릭
- 모바일로도 가입이 가능하다. 핸드폰 번호와 비밀번호를 입력 후 Create Account 클릭(비밀번호를 만들 때는 꼭 특수문자, 숫자, 대문자를 섞어 사용하자)
- 이메일 인증 또는 핸드폰 인증 진행

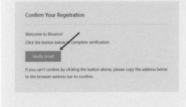

이렇게 하면 사실상 가입은 끝이다.

하지만 돈 또는 가치가 올라가는 암호화폐를 투자하는 것이기 때문에 보안에 더욱더 힘을 쓰기 위해서 OTP(보안앱)를 꼭 사용하도록 한다.

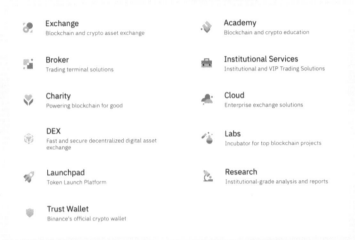

Exchange
Blockchain and crypto asset exchange

Academy
Blockchain and crypto education

Broker
Trading terminal solutions

Institutional Services
Institutional and VIP Trading Solutions

Charity
Powering blockchain for good

Cloud
Enterprise exchange solutions

DEX
Fast and secure decentralized digital asset exchange

Labs
Incubator for top blockchain projects

Launchpad
Token Launch Platform

Research
Institutional-grade analysis and reports

Trust Wallet
Binance's official crypto wallet

바이낸스는 다양한 서비스를 진행한다. 거래/마진/선물 등 필자도 아직 이 세계를 지속적으로 공부하는 중이다.

가상화폐는 투자의 수단이기에 우리가 금전을 투자할 때는 많은 지식, 조사, 공부가 무조건 필요합니다. 그렇기에 독자들도 암호화폐에 투자하기 전에 꼭 먼저 공부하기 바랍니다.

비트코인에 투자해야 하는 이유

　우리가 어렸을 때부터 부모님의 심부름을 통해서 용돈을 받거나 또는 매달 정기적으로 받아서 썼던 종이돈(용돈)을 기억할 것이다. 예전에는 종이돈을 용돈으로 받아서 쓰기 시작했고, 현금이면 안 받아 주는 곳이 잘 없었다. 어른들이 말씀하시던 짜장면이 500원 하던 시대와 지금의 짜장면 5,000원을 비교하면 예전보다 물가가 상승한 것도 있고, 과거부터 지금까지 화폐 제조국에서는 지속적으로 종이돈을 찍어내어 시장에 유통시키기 시작한 것도 한 이유이다. 즉, 화폐 생산자 입장에서는 화폐를 찍어내기가 수월하지, 돈을 거둬들이는 것은 잘 하지 않는다.

　시장에 돈이 흐르지 않고 경기가 침체되어 있을 때 돈을 더욱 찍어내어 시장에 풀면 그만큼 기존 자본의 가치는 상승한다. 부동산이 적절한 예이다. 그럼 한 가지 묻고 싶다. 시장에 유통되기 시작한 5만 원권은 최초 유통되기 시작했을 때보다 많아졌을까? 줄어들었을까? 늘어났을 것으로 생각하지 않는가?

　시장이나 가까운 영세 가게에서 조금이라도 싸게 구매하려고 우리는 현금을 이용한다. 세금 부담이 줄어들었으면 하는 마음에 현금을 받고 DC를 해주는 가게, 연휴 때 조카들에게 계좌로 용돈을 입금하겠다는 어른들이 대표적인 예다. 그럼 5만 원권의 양은 앞으로 늘어나겠는가 줄어들겠는가? 필자는 앞으로 지속해서 늘어나리라 생각하고, 10만 원권도 등장하리라고 생각한다.

　즉, 시장에 풀린 화폐는 기본 물가의 가치를 상승시키는 역할을 한다. 10년 전 5만 원권과 지금의 5만 원권의 가치는 분명 달라졌기 때문이다. 이것이 비트코인에 투자해야 하는 이유이다.

비트코인은 처음부터 최종 발행량이 정해져 있었고 물가 안정이나 시장 충격을 완화하기 위해 더 이상 새로 발행되지 않는다. 처음부터 2,100만 개로 시작하였고, 4년마다 반감기를 통해 지속적으로 가치는 상승해 왔다.

사실, 비트코인은 처음부터 지금까지 본질적으로나 기술적으로 변화는 없었지만, 시장 참여자들에 의해 거래되며 지속적으로 가치가 상승했다. 반대로 금융기관을 통해 내가 예금해서 받는 이율보다 물가상승률이 높은 시기를 지나고 있다. 현재 은행에서의 적금은 1%대의 금리를 주는데, 물가상승률은 보통 3%이다. 돈을 벌어서 적금을 넣는 것은 오히려 손해다. 우리가 가지고 있는 종이돈으로는 물가상승률을 방어할 수 없다.

결국, 종이돈은 계속 나오고 나아가서는 5천 원의 짜장면이 5만 원이 되는 날이 오기 전에 어서 비트코인을 살 것을 추천한다. 아직도 비트코인이 허구라고 생각하는가? 적금해서 모은 1천만 원을 다시 적금에 넣기보다 비트코인이 2천만 원일 때 투자했다면? 이것에 대한 답변은 여러분이 살아가면서 몸소 비교해 보기 바란다.

지갑 거래를 하는 이유

지갑 거래는 우리가 손쉽게 접근해서 투자를 할 수 있는 거래소 지갑이다. 우리가 기존에 이용하였던 은행이나 주식 계좌와 동일하며, 문제가 발생하였을 때 고객 계좌에 대해 해결이 가능하다. 지갑 거래는 그런 의미로 거래소에서 쓰이는 게 맞다. 이것을 핫 월렛이라고 하며, 초보투자자부터 투자기간이 긴 사람까지 대부분이 거래소 지갑으로 이용한다. 지갑은 개인이 거래소를 가입하면 생성되며, 해당 거래소에 거래되고 있는 종목에 대한 지갑 주소도 동시에 생성된다. 개인의 지갑은 거래되는 코인마다 생성 방식이 다르지만, 생성된 다음 그 누구도 지갑주소가 동일하지 않게 생성될 수 있다. 마치 우리 손에 있는 지문과도 유사하게 중복 없이 생성된다. 하지만, 역사적으로 코인 생태계 자체가 해킹당한 적은 없지만, 거래소가 해킹당한 적은 있다.

2018년도에도 여러차례 해킹 이슈가 있었다. 대표적으로는 이더리움 클래식 51% 공격과 넴(NEM; New Economy Movement)이 거래소에서 대량으로 해킹되는 사고가 있었다. 시장의 심리가 많이 위축된 시기에 이런 뉴스는 심리에 크나큰 영향을 끼쳤고, 암호화폐 자체에 대한 문제라고 생각하는 사람들을 만들어내며 파급력도 대단했다. 내가 투자를 하고 있는 자산이 계좌에서 사라지기라도 한다면 어떻게 할 것인가?

콜드 월렛은 거래소를 이용하는 것과는 별개로 개인이 주체가 되어 암호화폐를 저장하는 것이다. 핫 월렛은 고객을 대하는 창구가 있는 곳이라고 생각하면, 콜드 월렛은 개인 금고라고 봐도 무방하다. 암호화폐는 블록체인 위에 기록을 남기고 그 기록은 '트랜잭션'을 통해 발자취를 남긴다. 여기서 내가 거래한 기록을 본인과 다른 사람이 확인할 수 있다. 즉. 반영구적으로 누군가가 임의적인 변경을 통해서 바꾸지 않는다. 마치, 공중파 TV 프로그램에 출연해서 사랑을 고백한 장면이 영구히 영상 기록으로 남는다고 봐도 무방하다. 예전 대한민국에서 금융실명제를 정착시킨 이후에도 삶의 곳곳에 임의적으로 금융기록이 변경된 사례가 있었지만, 이런 블록체인상의 기록은 누군가가 임의로 바꿀 수 없는 혁명적 단계인 것이다.

개인 금고도 실제로는 내 자산을 보관하기 용이하지만, 불의의 사고나 부득이하게 열 수 없는 상황이 오면 물리적으로 열 수도 있다. 하지만 콜드 월렛은 개인이 소유한 경우라면 지문이나 별도 인식의 기능이 없는 경우는 꼼짝없이 복구하지 못한다. 개인이 소유하고 설정한 키를 분실한 경우에는 복구를 도와줄 창구의 직원도 없다는 사실을 명심해야 한다.

제 3 장

암호화폐 시장에서
살아남기

본 장에서는 암호화폐 시장에서 살아남을 수 있는 간단
한 팁과 투자자로써 인지하고 있어야 할 내용을 다룬다.

❶ 암호화폐 종목 선정

🔍 종목 고르기

아마 초보자들은 어떤 암호화폐를 선정할지가 가장 고민될 것이다. 하지만 대부분의 투자자들은 그런 고민도 잠시, 앱에서 보이는 빨간 숫자에만 현혹되어 충동적으로 종목을 선택하고 곧 후회한다. 그렇다면 과연 어떤 종목이 좋은 종목일까?

시가총액

시가총액은 가장 쉽게 접근할 수 있고, 나름 신뢰도를 나타내는 지표일 수 있다. 현재 비트코인의 시가총액은 1,000조 원에 달한다. 이는 전세계 기업을 통틀어 페이스북 다음으로 높은 시가총액이다. 아니나 다를까 암호화폐 시장에서 변동성이 가장 작은 코인은 비트코인이다. 시장의 바깥에서 볼 때 비트코인의 가격이 10% 떨어지면 엄청난 하락인 듯 보도되지만, 실제로 알트코인은 비트코인이 10% 떨어질 때 20~30% 정도까지 하락하곤 한다. 하지만 이것도 시가총액이 높은 알트코인 중 일부에 해당하는 이야기이며, 시가총액이 낮은 일명 '잡코인'들은 50% 이상 왔다 갔다 하는 경우가 허다하다.

거래대금

국내 거래소를 예로 들어 살펴보면, 거래대금이 낮은 코인들은 상장폐지될 확률이 상대적으로 높다. 또한, 변동성도 커서 자칫 잘못 들어갔다가 거래량이 없어 빠져나오지 못하는 경우도 허다하다. 원화마켓에는 상장되었지만, BTC 마켓에 상장되지 않은 코인들은 상장폐지될 가능성이 있고, 그중에서도 거래량이 없다면 들어갔다 나오는 것도 힘들다. 따라서, 안전하게 매매하기 위해서는 적어도 거래대금이 상위에 있는 코인을 매매하길 바란다.

차트상의 지표들

기술적 분석을 공부하다 보면 차트상의 지표, 패턴 등을 바탕으로 종목을 선택할 수 있다. 위에서 말하는 시가총액, 거래대금 등이 낮더라도 현재의 자리가 본인의 기준에 의해 매수나 매도가 적당한 자리인지 판단이 가능하다면 매력적인 코인들이 많다.

인프라

흔히 근본이라고 불리는 코인이 있다. 비트코인은 대장이고, 이더리움, 에이다, 솔라나, 리플 등은 커뮤니티가 크게 활성화되어 있다. 그들의 로드맵에 따라 성과를 차근차근 보여주는 코인들이 존재한다. 그 코인에 대한 기본적인 분석을 통해 가치 투자를 진행할 수도 있다.

절대 사서는 안 되는 코인

사실 절대 사면 안 되는 코인은 없다. 하지만 안정적인 투자를 위해서 골라서 투자할 필요는 있다. 돈이 있는 곳에 사기가 존재하는 것은 당연하듯이 코인 시장에도 많은 사기가 존재하기 때문이다. 따라서 코인에 투자함에 있어 최소한의 정보 검색은 필수이고 최소한 내가 투자하고자 하는 코인이 실존하는지 확인이 필요하다.

다단계 코인

실제로 다단계 코인은 존재한다. 코인을 만드는 것은 쉽지 않은 일이나, 그럴싸한 문서를 만들고 비전을 만드는 것은 쉬운 일이다. 코인 시장을 잘 모르는 사람들 특히, 고령자를 타깃으로 '투자하면 몇 배의 수익을 얻을 수 있다'고 말하며 접근하는 다단계 코인이 최근 많이 관찰되고 있다. 이런 코인들의 특징은 주기적인 설명회를 개최한다든지, 투자자들에게 식사를 대접하며 설득한다. 하지만 실제로 존재하지 않는 코인이며, 대다수의 이런 코인은 투자자들의 자금으로 다른 실제 코인에 투자하는 경우가 많다. 하나의 예로, 필자 어머니의 친구들은 최근 코인 시장에 큰 조정이 있을 때, 실존하지 않는 코인에 투자했다가 모든 투자금을 잃는 경험을 했다.

IPO와 같은 초기 자금 조달을 통한 코인

최근 몇 년간 상당히 많은 수의 코인이 탄생했다. 몇 년 전에는 ICO(Initial Coin Offering) 방식으로 암호화폐 시장에서 사업자가 직접 투자자들을 통해 자금을 모집하고 암호화폐를 판매했다. 그러나 사업자가 투자자들의 자금을 모두 갈취하고 없어지는 사기가 상당히 많았으며, 거래소에 상장이 되지 않아서 거래를 못하는 경우 단점이 상당히 많았다.

최근에는 이런 단점을 보완한, IEO(Initial Exchange Offering), IDO(Initial Decentralized Exchange Offering) 등이 생기면서 플랫폼이 잘 갖춰져서 투자자들이 해당 코인의 투자사들, 비전 등을 면밀히 파악하고 선택할 수 있도록 어느 정도의 투명성을 제공하고 있다. 특히, 이런 초기 자금 조달을 통해 상장하는 코인들은 상장 펌핑을 누리기 위해 투자하는 투자자들이 많이 있는데, 탄탄하지 않은 코인의 경우 잠깐의 펌핑 이후에 물에 빠져 수면 위로 올라오지 못하는 경우도 많이 있다. 하나의 예로, 필자도 4년 전 유망하다고 생각한 코인에 투자했지만 지금은 사라졌다.

소셜에서 추천해주는 코인

최근 코인 시장에 대한 관심이 증가하고, 소셜 미디어, 유튜브 등 미디어 생태계가 발전하면서 소셜에서 코인을 추천해주는 것들도 상당히 많다. 또한, 소셜 미디어라 하면 대개 누군가에게 추천해주는 경우, 엄청난 상승으로 인해 큰 관심을 받으면서 추천해주는 경우가 허다하다. 즉, 추천해주는 것은 이미 많은 관심을 받은 상태이기 때문에, 꼭 기술적 분석이든 기본적 분석이든 두드려 보고 건너길 바란다.

🔍 암호화폐 투자에 대한 대중의 착각

일반적으로 주변에서 암호화폐에 투자해서 자산의 몇 배를 벌었다는 말을 들으면, 아주 쉽게 자산 증식이 가능할 것이라고 생각한다. 하지만 실제로 암호화폐 투자를 통해 성공하는 사례는 그렇게 많지 않다. 대부분의 투자자들이 암호화폐 시장이 폭등할 때 참여하고, 그 폭등 속에서 환상에 취해 득을 보지 못하고 결국 실을 겪는 불상사가 다분하다. 암호화폐 시장에서 쉽게 할 수 있는 몇 가지 착각에 대해 알아본다.

투자와 동시에 자산 증식이 이뤄진다

투자와 동시에 수익을 바라는 것은 주식 시장을 포함하여 모든 시장에서 거의 불가능한 일이다. 운이 좋고, 타이밍이 잘 맞아 때때로 수익을 볼 수도 있지만, 시장이 투자자를 부르는 시간은 그리 좋은 타이밍은 아니다. 암호화폐 시장은 다른 투자 시장에 비해 변동성이 큰 만큼 수익도 크고 손실도 크다. 이것은 말도 안 되는 환상에 빠질 가능성도, 엄청난 좌절감에 빠질 가능성도 큼을 의미한다. 따라서 확실한 자신만의 투자 전략과 시장 분석이 뒷받침될 필요가 있다.

어떤 암호화폐를 사도 수익을 볼 수 있다

암호화폐 거래소를 보면 무수히 많은 암호화폐가 나열되어 있다. 이 암호화폐들은 각각 저마다의 펀더멘털을 갖고 있으며, 비전에 의해서 운영되고 있다. 하지만 모든 암호화폐들이 실현 가능한 비전을 갖고 있는 것은 아니며, 실제로 그 비전을 위해 잘 나아가고 있지 않은 암호화폐도 상당히 많다.

24시간 열려 있는 시장에서 어떤 암호화폐는 갑자기 엄청난 상승률을 보이며 날개를 펼칠 때도 있고, 어떤 암호화폐는 제자리 걸음이거나 하락하는 모습을 많이 볼 수 있다. 하나의 예로, 2017년 12월 대비 비트코인은 2,800만 원에서 다음 페이지의 그림과 같이 5,600만 원이 되어 100% 상승하였지만, 비트코인캐쉬의 경우 2017년 12월 대비 −86% 하락했다. 이처럼 모든 암호화폐가 갖고만 있어서 수익을 볼 수 있는 것이 아니며, 어떤 암호화폐에 투자해서 수익을 볼 수 있는 것도 아니다.

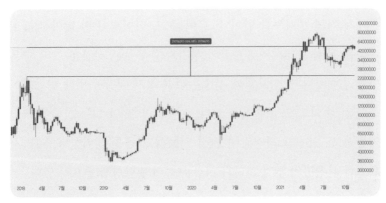

비트코인 가격 추이

비트코인캐시 가격 추이

주변에서 돈 번다고 당신도 돈 버는 것은 아니다

한때 유튜브나 뉴스 등 여러 매체들을 통해 '어느 누가 코인으로 수십억 원의 돈을 벌었다'는 정보를 심심찮게 접했다.

네가 하는데 나라고 못 하겠니?

너도 벌었는데 나라고 못 벌겠니?

허황된 꿈이다. 당연히 운도 있어야 하고 타이밍도 좋아야 한다. 그 사람들의 그 수익이 그냥 만들어진 게 절대 아니다. 모두가 알고 있는 'RT7'도 쪽잠을 자고 새벽에 알람 소리에 깬 다음에 투자하는 노력을 하였다. 절대 클릭 한 번으로 일확천금을 누린 사람들이 아니다. 그만큼 힘들게 노력해서 타이밍 좋게 수익을 만들어낸 것이다.

쉽게 번 돈은 쉽게 나간다는 말이 있다. 그들 또한 절대 쉽게 나갈 돈을 가진 사람들이 아니다. 남들이 쉽게 번다고 나도 쉽게 번다는 건 착각이다. 쉽게 돈을 버는 것처럼 보일 뿐 그 사람들도 그만한 노력과 투자에 맞게 보상을 받는 것이다. 절대 친구 따라 벤츠 타러 강남 가지 말라. 내 것이 아님을 알게 되면 욕심을 버리면 된다. 더욱더 땀 흘리는 노력하면 된다.

대중매체에서 '망한다'고 해서 진짜 망하는 게 아니다

암호화폐 시장이 전세계적으로 주목을 받은 지는 얼마 되지 않았다. 암호화폐의 변동성이 주식 시장의 변동성보다 상대적으로 크기 때문인지 아니면 다른 이유가 있는 것인지, 대중매체는 이 변동성에 상당히 예민하게 반응한다. 시장의 분위기가 좋을 때 투자자들이 환희에 가득 차 있으면, 악재가 터지면서 그로 인해 매번 유사한 패턴으로 −20~−30%씩 폭락이 발생한다. 하지만 폭락 후에도 암호화폐는 언제 그랬냐는 듯 지속적인 상승을 이뤄왔다. 다음 그림은 비트코인의 가격 역사를 나타낸 것이다. 몇 년 전부터 거품이라는 말이 계속됐고, 몇 년 전부터 비트코인의 가격은 지속적으로 상승했음을 알 수 있다.

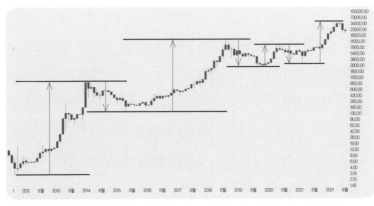

비트코인 가격 추이

본전이 올 거라는 심리

예를 들어 특정 코인을 1,000원에 매수하였다. 그러나 현 시장가는 700원이다. 본전 금액 1,000원에 다다를 때까지 무작정 기다리는 것은 현명한 대처 방법은 아니다. 중간에 매도하고 다시 재진입하여, 코인의 개수를 늘리거나 트레이딩으로 손해율을 최소화하는 것이 필요하다. 허나 이 원칙은 어느 정도 트레이딩에 익숙할 때 하는 것이다. 초보투자자들은 기회를 벗삼아 철저한 분할 매수의 원칙을 깨달아야 한다. 무작정 떠난 내 님을 기다리는 투자 원칙은 정답이 되어선 안 된다.

암호화폐 투자에 있어 절대 따르지 말아야 할 5계명

제1계명: 아무나 믿지 말라

많은 인플루언서들이 투자 조언이 아닌, 종목 추천을 하는 사례가 많다. 투자는 냉철한 것이다. 미래의 결과를 100% 확신할 수 있는 사람은 없다. 투자는 본인의 실력과 의지, 확신으로 하는 것이다.

코인 투자자들에게 흔히 듣는 단어가 있다. '인간지표'라는 말인데 남들이 매수해 호가가 올라간다고 따라 산다면 당신은 이미 그 종목의 최고점에서 매수하는 것이다. 내가 아는 '투자 재료'는 이미 수만 명의 투자자가 안다고 봐야 한다. 나만 안다는 착각에 빠지거나 정보를 맹신하지 않도록 해야 한다. 만약 본인의 의지대로 한다 해도 이러한 종목들은 항상 조심해야 한다.

제2계명: 올인(몰빵)하지 말라

주식이든 암호화폐든 "지금이니?"를 외치면서 한 번에 매수 버튼을 누르는 것은 정신적, 육체적 고통을 수반한다. 모든 수익은 마이너스에서 시작한다는 마음가짐을 갖되, 그 마이너스를 최소화해서 수익을 극대화해야 한다. 앞으로 이 책에서 다뤄지는 지표 분석, 패턴 등을 통해 매매의 확률을 높이고, 분할매수와 분할매도를 곁들인 다면 잃지 않는 매매가 어떤 것인지 알 수 있을 것이다.

제3계명: 타인의 돈을 사용하지 마라

투자가 아닌 투기를 일삼는 경우가 많다. 특히나 변동 폭이 큰 코인 투자는 더더욱 그런 성격을 갖고 있다. 조금씩 투자금액을 불려 복리형태로 이득을 취하는 방법이 옳지, 대출하여 한 방에 큰 수익을 노리는 것은 절대적으로 잘못된 생각이다. 만약 투자로 수익을 보았어도 결국 그 돈은 다시 내 계좌에서 빠져나가게 된다. 무리한 대출로는 장기투자를 진행할 수 없기 때문이다.

아직도 투자의 첫걸음인 계좌를 만드는 방법, 매수하는 방법 등도 잘 모르는 일명 코린이들도 수없이 많다. 나이가 많거나, 혹은 디지털 문명에 익숙지 않아 쉽게 근접할 수 없는 사람들도 많다. 이러한 사람들이 남들 다하는 투자나 비트코인으로 수익이 났다는 소문 때문에 지인들에게 부탁하는 경우가 많은데, 잘 되어 봐야 본전이다. 절대적으로 남의 돈으로 대신 투자하지 않도록 한다. 그건 본인 투자에도 방해가 되는 요인일 뿐이다.

제4계명: 선물/마진 투자는 원수에게 추천해라

본인이 아직 투자의 내공이 없는 투자자인데 선물옵션 레버리지를 높여 한번의 큰 수익(대박)을 내고자 하는 허영심을 버려야 한다. 그건 오히려 깡통계좌로 가는 지름길일뿐이다. 10배수의 레버리지 10% 상승으로 100%의 수익을 볼 수 있기도 하지만, 반대로 −10% 하락으로 100%의 손실을 볼 수도 있다. 투자가 익숙해지고 완연해질 때 천천히 투자를 해도 늦지 않는다. 욕심은 곧 화를 일으킨다.

제5계명: 무조건 장기 투자

코인 시장은 주식시장과 상반되는 면이 많다. 주식은 기업을 탐방하고 재무제표를 보며 미래가치에 투자하는 반면, 코인은 그러한 데이터가 많이 모자란다. 대부분 회사는 해외에 있으며, 방문하기조차 어렵다. 물론 블록체인이라는 암호화폐의 가치는 분명히 있으나, 코인의 로드맵이나 사업 계획성이 모호한 코인으로 장기 투자를 하면 손해를 볼 가능성이 있으니 지양하는 게 좋다. 예외로는 시총 상위 종목 비트코인, 이더리움, 에이다 등 시장가치가 높고 회사의 업데이트가 잘 되는 회사는 천천히 지켜보며 긴 호흡을 가져도 된다.

❷ 암호화폐 투자 전략

 투자 성향에 따른 암호화폐 투자 전략

트레이딩형

트레이딩형은 차트의 기술적 분석을 토대로 매매 위주로 투자하는 부류이다. 어쭙잖은 매매 원칙으로는 암호화폐 시장에서 매매로 성공하기는 쉽지 않다. 소액으로라도 충분한 연습을 통해 시장에 익숙해지고, 자신만의 확실한 매매원칙을 정하여 시장에 임하는 것이 중요하다.

가치투자형

가치투자형은 투자하는 종목의 기본적 분석을 통해 이 종목의 가치를 판단하여 투자하는 부류이다. 새로 생기는 코인의 여러가지 정보를 분석하여 가치를 판단할 수도 있고, 현존하는 코인 중에서 가치를 판단하여 투자할 수도 있다. 일반적으로 암호화폐에서 가치가 있다고 판단되는 코인은 커뮤니티가 잘 형성되어 있고, 투자사들이 탄탄하며, 그들의 로드맵에 따라 차근차근 개발을 잘 이뤄 나간다. 또한, 블록체인에 대해 어느 정도 이해하고 있다면, 블록체인 기술로서의 가치를 판단할 수도 있다.

존버형

존버형은 오랜 기간을 버티는 투자 유형이다. 특별한 기준 없이 무조건적인 매수로 버티는 경우가 일반적이다. 실제로 암호화폐 투자자들의 대부분이 이 투자 전략을 갖는다.

🔍 포트폴리오 관리

현금 보유

현금은 또 하나의 종목으로 생각해야 한다. 다음 페이지의 그림을 예로 들어보자. 작년 코로나가 발생하면서 원화로 비트코인의 가격이 고점대비 54% 하락했다. 만약 상승을 기대하며 고점에서 100%의 비중으로 매수를 했다고 가정하자. 그렇다면 약 한 달간 54% 하락을 맞으면서 심리적인 고통을 온전히 받았을 것이다. 하지만 100%의 비중으로 넣지 않고, 투자를 결심하고 현금 비중의 50%만 1차로 매수하며, 2차 매수 자리에서 나머지 비중을 매수했다면 평균단가는 고점과 저점의 중간값이 되어 이후 44%의 수익을 볼 수 있었다. 이처럼 현금은 어떻게 될지 모르는 시장 속에서 하나의 비기가 될 수 있다. 적절한 현금 보유를 통해 어떤 시장에서도 대비할 수 있는 전략을 구성해야 한다.

분산 투자

코인 시장은 변동 폭이 크기 때문에 한 종목에 '올인' 하는 것은 잘못된 투자 방식이다. 만약 암호화폐 투자에 입문하는 초보자라면 비트코인을 포함해서 이더리움, 에이다와 같이 시가총액이 높은 종목들로 분산 투자를 해보자. 보통 비트코인이 하락할 때 대부분의 종목이 하락하는 편이지만, 상승할 때는 조금 다른 양상을 보인다. 다시 말해, 비트코인이 올라간다고 해서 모든 코인이 올라가는 것은 아니며, 또한 비트코인이 횡보한다고 해서 모든 코인이 횡보하는 것도 아니다.

일반적으로 비트코인이 안정적인 모습을 보일 때, 일부 알트코인이 상승하는 모습을 보이는 때가 많은데, 이런 모습을 흔히 순환매라고 부른다. 비트코인이 안정적인 가격을 유지할 때면, 어떠한 트렌드에 의해 알트코인이 좋은 모습을 보이는 때가 있다. 이럴 때 본인이 투자하지 않은 종목만 상승하는 것처럼 보일 수가 있기에 소외감이 들 수 있다. 그런 소외감을 견디지 못해 갈아타기 시작하면 상승장임에도 불구하고 엇박자를 타서 수익을 못 보는 경우가 많다. 따라서 적절한 분산 투자를 통해 소외감을 느끼지 않으면서 수익을 내는 것도 중요하다.

비중 관리

비중 관리는 앞에서 언급했던 현금을 보유하는 것도 포함될 수 있다. 비중 관리는 매매에 익숙지 않은 투자자들에게 큰 도움이 될 수 있고, 잃지 않는 매매를 위한 중요한 요소 중 하나다. 하지만 비중 관리를 하기 위해서는 현재 시점에 어느 정도의 비중으로 투자하는 것이 적절한지를 판단할 수 있는 경험이 필요하다. 앞으로 상승 확률이 높은 경우에는 비중을 높여야 할 것이고, 하락할 확률이 높을 경우에는 비중을 낮춰야 할 것이다. 하지만 모든 것은 예측일 뿐 시장이 어떻게 변할지는 알 수가 없다. 따라서 많은 분석과 경험을 통해 비중 관리를 몸에 익히는 것이 중요하다.

비중 관리를 할 수 있는 또 하나의 방법은 정찰병 전략이다. 정찰병은 상승이나 하락 어느 쪽도 예상할 수 없을 때, 매우 소액으로 매수하고 객관적인 상승 또는 하락 퍼센티지를 확인하며 비중을 조절할 수 있다. 예를 들어, 1만 원으로 현재 가격에 매수했는데 며칠 뒤 −30% 되어 있다고 가정하자. 기술적 분석을 통해 현재 자리에서 더 하락할 가능성이 있다면 더 기다려 볼 수 있을 것이고, 어느 정도 하락한 시점에서 상승을 위한 추가 매수를 통해 비중을 높일 수 있을 것이다.

대박 환상에 빠진 막연한 투자가

2017년 12월 비트코인은 한화 2천만 원이 넘는 가격을 달성하게 된다. 그러다 2018년 1월까지 비트코인은 상승세를 유지한다. 100만 원을 투자했더니 200만 원이 되고 300만 원이 되던 시기였다. 그렇게 주변 선후배 할 것 없이 비트코인 시장에 뛰어들었다. 원금 대비 두세 배가 뛰기 시작하니 후회하기 시작하고 100만 원 투자자가 1,000만 원 투자할 걸 하며 막연한 환상에 빠지게 된다. 그리하여 적금을 깨고 1,000만 원을 투자하기 시작했다.

그러던 어느 날 2018년 2월 한 달만에 거품이 빠지고 환상이 깨지기 시작했다. 원금의 절반을 손해보고 오르락 내리락 하는 코인 시장을 멍하니 바라보게 된다. 여유자금으로 실행하는 투자는 괜찮으나 무리한 적금까지 깨면서 투자에 임하는 탐욕으로 인해 결국 파멸에 이르게 되었다.

제 4 장

암호화폐 매매를 위한 차트 분석

₿

가치투자가 아닌 트레이딩을 하기 위해서, 차트를 읽는 것은 최소한의 예의다. 차트에서 우리가 정답을 얻을 수 있는 것은 아니다. 하지만 성공적인 매매를 위해서는 성공할 확률을 높여야 한다. 본 장에서는 기본적인 차트를 보는 방법을 다룬다.

❶ 차트의 기본

주식이나 코인을 분석하는 데에는 크게 두 가지 방법이 있다. 해당 종목의 상황, 제무재표, 이익, 뉴스 등을 확인한 후 매매하는 기본적 분석이 있고, 캔들로 이루어진 그래프를 보고 현재 위치와 미래를 예측하는 기술적 분석이 있다. 필자는 기술적 분석에 대해서 말하고자 한다.

종목에 대해서 어떤 정보를 접한 뒤에 가격을 보면 항상 이미 많이 올라가 있었다. 그런데 필자는 가격이 올라가기 전에 잡고 싶었다. 가격이 올라가기 전에 종목을 잡는 건 특정 이슈에 대한 정보를 사전에 알 수 있는 소수이거나 세력만이 가능하다고 판단하였고, 개인은 알기가 대단히 힘들다는 것을 깨달았다. 그러면 '누구에게나 공개되어 있고, 누구나 분석할 수 있는 것은 무엇인가?'라는 의문이 들었고 그게 바로 '차트'였다.

세력들이 가격을 움직이는 여러 가지 방법 중에서, 차트는 반드시 포함된다고 말할 수 있다. 엄청난 천재지변이 발생한 것이 아니라면, 세력이 판을 짜고 의도한 방향대로 차트는 움직인다. 이때 그냥 가격을 움직이는 것이 아니라, 차트의 모습을 보면서 아주 치밀하게 개인의 물량을 뺏은 후 가격을 올리고, 고점에서 개인에게 물량을 넘겨주고 나면 가격이 다시 떨어진다. 그러한 타이밍을 목격하고 잡아서 고래등에 올라타는 방법도 이 차트 분석으로 가능하다. 즉, 세력도 차트를 보고 가격을 움직인다.

실제로, 이 차트만 분석해서 매매를 진행하는 방법과 사람들이 존재했고, 분명히 수익을 낼 수 있는 방법이라는 것을 알게 되었다. 심지어 가격을 움직이는 세력들 또한 차트를 보고 알고리즘을 만들어 매매를 한다는 것도 알게 되었다.

차트는 기본적으로 캔들, 거래량, 이동평균선 이렇게 세 가지를 토대로 분석을 진행한다. 그러나 우리는 '스토캐스틱'이라는 지표를 추가해서 분석을 할 것이며, 이 지표를 '파동'이라고 부르겠다.

🔍 캔들

　가격이 오르면 캔들 모양이 위로 길어지면서 빨간색으로 변한다. 이를 양봉이라고 한다. 가격이 내리면 캔들 모양이 아래로 길어지면서 파란색으로 변한다. 이를 음봉이라고 한다. 캔들은 수많은 사람의 거래를 통해 가격이 움직이면서 형성된다. 즉, 수많은 사람의 지성과 심리 등이 하나의 봉에 나타난다. 트레이딩을 잘 하는 전문 트레이더는 몇 개의 캔들만 보더라도 현재 시장의 심리를 읽고, 매매 타이밍을 잡기도 한다.

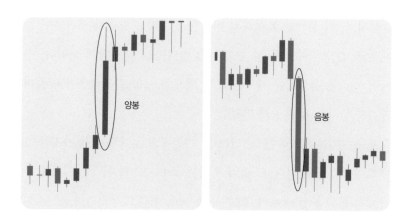

　다음 페이지의 그림을 살펴보자. 그림은 COINBASE 거래소에서의 '비트코인/달러', '1일' 차트이다. 캔들의 색상은 차트를 제공하는 툴의 설정에서 자신의 취향에 맞게 선택이 가능하다.

어떤 캔들을 보면 굵은 실선과 가는 실선이 있다. 흔히 가는 실선이 아래로 있을 경우 '밑꼬리'라고 말한다. 가는 실선이 위로 있을 경우 '윗꼬리'라고 말한다. 굵은 실선은 시가와 종가를 범위로 채우는 것이며, (저가, 고가)가 (시가, 종가)와 일치하지 않는 경우에 가는 실선으로 표시된다.

일반적으로 밑꼬리가 길면 하락 세기보다 상승 세기가 더 크다고 생각할 수 있고, 윗꼬리가 길면 상승 세기보다 하락 세기가 더 크다고 볼 수 있다. 하지만 무조건 그런 의미를 갖는 것은 아니다. 밑꼬리가 발생한 후에 캔들의 움직임을 살펴보면 상승하는 경우가 있고, 윗꼬리가 발생한 후에 캔들의 움직임을 살펴보면 하락하는 경우가 많다. 물론 그렇지 않은 경우도 많다.

🔎 추세선

차트에 선을 그어 현재 어떤 추세 속에서 가격이 진행되는지 알 수 있는 추세선을 그릴 수 있다. 추세선을 그리는 방법은 각양각색이므로 차트를 분석하면서 수없이 그리다 보면 자신만의 추세선을 그리는 방법이 생길 것이다. 일반적으로 추세선은 어떤 구간의 저점과 저점, 고점과 고점을 연결하여 그린다.

다음 페이지의 그림을 보자. 차트 상에서 검정선으로 고점과 고점을 연결하여 하나의 추세선을 그렸다. 마지막 캔들의 모습을 보면 상승하는 것으로 보인다. 우리는 앞으로 어떤 일이 벌어질지 모르지만, 추세선을 그림으로써 어느 정도 예상할 수 있다. 이제 그 다음 그림을 보자. 이후의 캔들의 모습을 보여준다. 다시 한 번 추세선의 지지 또는 저항을 받고, 오르락 내리락하는 모습을 보여준다.

추세선을 그리는 데 정답은 없다. 하지만 매매하는 입장에서 어느 위치에서는 저항을 받을 수 있는지, 지지를 받을 수 있는지 예상해서 확률을 높일 수 있다. 여러 번의 추세선을 그리는 연습을 통해 자신만의 추세선을 그리는 방법을 익혀보자.

현재 시점의 차트

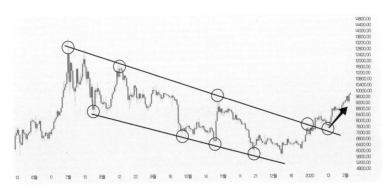

시간 경과 후의 차트

❷ 매매 성공 확률을 높이기 위한 지표

🔍 거래량

거래량은 실제로 얼마나 거래가 이루어졌는지 알 수 있는 지표이며, 거래량이 많으면 실제로 그 캔들의 힘이 강하다고 볼 수 있다. 거래량이 많은 양봉이면 상승 힘이 강하고, 거래량이 많은 음봉이면 하락 힘이 강하다고 볼 수 있다.

다음 페이지의 그림을 보면 커다란 장대 음봉 이후 양봉이 출현하면서 거래량이 높아졌다. 이는 하락세에서 양봉 출현과 많은 거래량을 동반함으로 인해 강한 매수세로 가격 반전을 생각해볼 수 있는 형태이다.

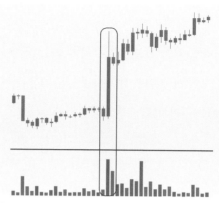

거래량을 나타내는 차트

🔍 이동평균선

　이동평균선을 볼 때는 여러 가지 관점이 존재하겠지만 크게 현재 이동평균선이 정배열인지 역배열인지 확인한다. 일반적으로 정배열 이면 시장이 상승 추세임을 이해할 수 있고 역배열이면 하락 추세로 이해할 수 있다.

　이동평균선(이하 '이평선')의 원리는 간단하다. 예를 들어, '5 이평선' 의 경우 5개의 캔들의 가격을 평균해서 선으로 연결하여 나타낸 지 표를 말한다. '10 이평선'의 경우 10개의 캔들의 가격을 평균해서 선 으로 연결하여 나타낸 지표이다. 정배열의 이평선은 수치가 낮은 이 평선이 제일 위에 있고 아래로 내려갈수록 점점 이평선의 수치가 높 아진다.

　예를 들어 정배열의 이평선은 제일 위가 이평선이 5이평, 그다음 이평선이 10이평, 그다음 이평선이 20이평 이런 모양이다. 정배열의 이평선인 경우, 제일 위의 이평선은 수치가 높고, 제일 아래의 이평선은 수치가 낮다. 제일 아래 이평선이 5이평, 그다음 이평선이 10이평, 그다음 이평선이 20이평 이런 모양이다.

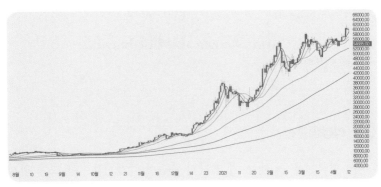

정배열 이평선의 예

역배열 이평선의 예

🔍 볼린저 밴드

볼린저 밴드는 1980년대 존 볼린저가 개발한 기술적 분석 도구이다. 이 도구는 차트 가격이 이동평균선을 중심으로 표준편차 범위 안에서 움직인다는 전제로 개발되었다. 3가지 선이 밴드를 이루는 형태로 구성되어 있다.

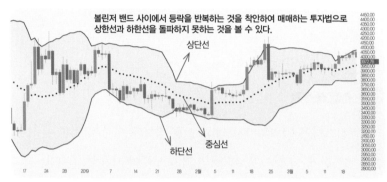

볼린저 밴드가 좁아지는 구간은 횡보구간으로 위 아래로 변동성이 결정되기 전으로 이해하도록 한다. 밴드의 폭이 좁혀져 있다면 이후 발생되는 코인 위 아래 변동성은 매우 높아지게 된다.

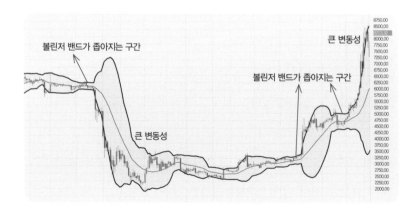

볼린저 밴드는 이렇게 사용하도록 한다.

1. 밴드가 좁아진 횡보 구간에서 볼린저 밴드가 상단선에 도달하게 되면 매도, 하단선에 도달하면 매수로 대응한다.
2. 횡보 후 하락추세가 진행될 때에는 관망한다.

횡보 후 상승추세가 진행될 때에는 매수 후 밴드 하단부 이탈 전까지 끝까지 가져간다.

🔍 스토캐스틱

스토캐스틱은 마법의 지표라고 불릴 정도로 아주 강력한 분석 방법을 제시하게 될 것이다. 이 책의 저자 모두가 사용하고 있고, 적극 추천하는 지표이다.

우선 스토캐스틱은 현재 위치를 백분율로 나타낸 지표를 말한다. 스토캐스틱을 설정할 때는 차트 아래에 세 가지를 설정할 것이다. 그리고 위에서부터 수식 값을 5-3-3, 10-6-6, 20-12-12로 설정을 할 것이다. 5로 시작하는 것을 막내, 10으로 시작하는 것을 둘째, 20으로 시작하는 것을 큰형이라고 부르도록 하자. 일명 파동 3형제다.

막내 파동은 제일 민감하게 움직이고 단기적 변동성을 나타내며, 5개의 캔들 사이클 속에서 현재 위치를 알 수 있다.

둘째 파동은 막내 파동보다 좀 더 중기적인 변동성을 나타내며, 10개의 캔들 사이클 속에서 현재 위치를 알 수 있다.

큰형 파동은 제일 둔감하게 움직이고 장기적인 변동성을 나타내며, 20개의 캔들 사이클 속에서 현재 위치를 알 수 있다.

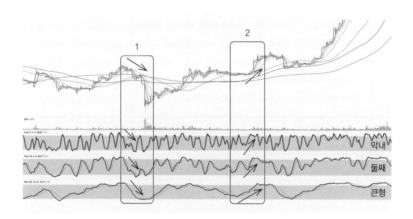

이 3형제를 이용해서 분석하는 방법은 간단하다. 파동 3형제가 모두 올라가고 있으면 단기적, 중기적, 장기적으로 모두 상승 추세라고 이해하면 된다. 반대로 3형제가 모두 내려가고 있으면 단기적, 중기적, 장기적으로 모두 하락 추세라고 이해하면 된다. 큰형은 올라가고 있는데 막내가 내려가고 있으면 결국 큰형의 힘에 의해서 막내는 재차 올라가게 된다. 큰형이 내려가고 있으면 막내가 올라가고 있어도 결국 큰형의 힘에 의해서 막내도 내려가게 된다. 즉, 장기적으로 내려가는 추세면, 단기적 파동인 막내가 아무리 올라가고 싶어도 꺾여 내려가는 것이다.

1번을 보면 3형제가 모두 내려가니까 가격도 결국 내려간다. 2번을 보면 3형제가 모두 올라가니까 가격도 결국 올라간다.

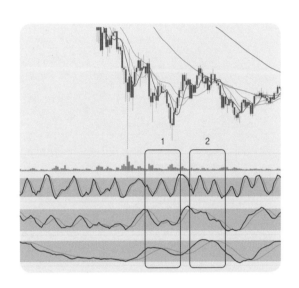

그러나 막내가 큰형을 이기는 경우가 있다. 큰형이 내려가고 있는 상태에서 막내가 바닥을 2개 이상(쌍바닥 이상)을 만들고 올라가게 되면, 큰형도 '그래 한 번 올라가줄게' 하면서 같이 올라가게 된다(위 그림에서 1번). 반대로, 큰형이 올라가고 있는 상태에서 막내가 봉우리를 2개 이상(쌍봉 이상)을 만들고 내려가게 되면, 큰형도 '그래 한 번 쉬자' 하면서 같이 내려가게 된다(위 그림에서 2번). 이때, 둘째는 큰형과 막내 사이에서 현재 방향성이 어떤지 좀 더 대략적으로 알려준다.

비트코인을 분석할 때는 주로 4시간봉과 일, 주봉 차트로 분석하면 편하다. 일봉, 주봉 차트로 현재 시장의 큰 추세를 파악한 후, 4시간봉 차트로 단기적 추세를 확인하는 것이다(만약 제대로 공부하고자 한다면 모든 시간봉을 보면서 눈에 익혀야 한다). 예를 들어 주봉의 파동이 모두 올라가면서 일봉의 큰형도 올라가고 4시간의 큰형이 올라가고 있으면 단기적으로 아무리 많은 변동성이 나와도 결국 상승 추세가 이어지게 된다. 그러다가 주봉의 파동이 내려가고 일봉의 막내에서 쌍봉 이상의 다중봉이 형성되고 4시간의 큰형도 다중봉이 형성되면 차트는 상승을 멈추고 눌릴 가능성을 열어두게 된다.

본인이 장기적 관점에서 큰 추세 속의 수익을 내고자 한다면, 주봉 차트의 막내 파동을 확인해서 막내 파동이 올라가는 것을 확인하자. 단타를 잘 하면 그것도 매력적이지만, 어설픈 단타는 엇박자를 만들 수 있고 그렇게 되면 남들은 다 수익이 나는데 나만 손실을 보는 현실을 겪으며 크게 좌절할 수도 있다.

파동 3형제가 모두 내려가면 가격도 결국 내려가고 파동 3형제가 모두 올라가면 가격도 결국 올라갑니다.

❸ 매매 성공 확률을
높이기 위한 패턴

🔍 박스 패턴

박스 패턴은 매매할 때 인내심을 높여주고 매매 타이밍을 잡는 데 많은 도움이 된다. 가격이 상승하더라도 무조건적인 상승은 없고, 하락하더라도 무조건적인 하락은 없다. 박스 패턴은 어떠한 변동성이 발생할 수 있는 시간적 라인, 가격적 라인을 예측하여 매매의 성공 확률을 높일 수 있다.

상황

지속적으로 상승하는 모습을 보여주다 가격 조정을 주고, 다시 반등을 했지만 다시 음봉을 보여주면서 더 하락할 가능성을 보여주고 있다. 이런 하락은 며칠 동안 보여준 상승분에 비해 하락 폭이 크지는 않지만, 심리적으로 더 내려갈 것 같은 걱정을 할 수밖에 없다.

박스 그리기

박스를 그리는 방법은 개인차가 있을 수 있지만, 모두 상관없다.

1단계는 그림과 같이 동그라미를 기준으로 하나의 박스를 형성한다. 상승추세에서 꺾이는 모습일 때는 최근 상승분을 잡고 박스를 그리면 된다.

2단계로 그림과 같이 1단계에서 그렸던 박스를 그대로 옆으로 이어 그린다. 이것은 최소한 상승분만큼의 기간동안 어떠한 변동성을 가질 가능성이 있음을 의미한다.

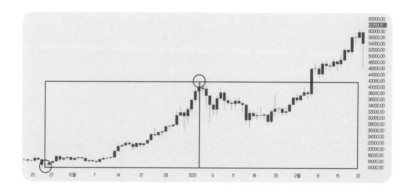

3단계로 그림과 같이 추가로 그린 박스를 모두 4등분하여 라인을 형성한다. 이는 변동성이 발생할 수 있는 마디를 형성하는 것을 의미한다. 보통 이미 일어난 패턴에 1:1, 2:1, 4:1, 1:2 등의 패턴으로 변동성이 발생하는 경우가 많기 때문에, 라인을 그려 마디를 형성하는 것이다.

결과

결과를 보자. 상승 기간의 절반 그리고 상승분의 절반 가격에서 반
등이 일어났고, 또 그 절반 기간이 지난 후 가격은 전고점을 넘어섰
다. 이 결과는 하락한다고 당황하지 않고, 언제까지 또는 어느 가격
까지 하락할 수 있으며, 언제 반등이 일어날 수 있고, 언제 더 상승을
할 수 있을지 예상치를 높일 수 있음을 의미한다. 지금 당장 지난 차
트를 보면서 다음 페이지의 예제와 같이 박스를 그려보며 가능성을
판단해보고 적용하는 연습을 해보자.

🔍 삼각수렴

삼각수렴이란 추세선을 연결하고 난 후 보이는 모양이 삼각형으로 수렴하고 있는 형태를 말한다. 아래 그림과 같이, 삼각수렴 후 하락 이탈을 하게 되면 가격은 하락하게 된다. 반대로 삼각수렴 후 상승 이탈을 하면 가격은 상승하게 된다. 어떤 투자자는 이 추세선을 그은 후 나타나는 삼각수렴 이탈 방향으로만 매매한다고도 한다.

이처럼 추세선을 그어서 나타나는 모양은 장난스러워 보일 수 있지만, 매매할 때 상당한 신뢰도를 갖는 경우가 많다. 추세선을 그어보는 연습을 많이 해서 의미있는 추세선을 찾는 것이 상당히 중요하며, 특히 큰 시간봉 차트에서 만들어지는 추세선의 의미는 상당하다. 1시간봉 차트에서 그은 추세선과 일봉 차트에서 그은 추세선을 비교한다면 일봉 차트에서 그은 추세선이 더 신뢰도가 높다고 말할 수 있다.

🔍 골든크로스와 데드크로스

골든크로스(golden cross)는 중기 이동평균선이 장기 이동평균선을 아래에서 위로 뚫고 올라가는 것으로 강세장에 들어가는 확인 신호이기도 하다. 단기 골든크로스는 5일 이동평균선이 20일 이동평균선을 상향하여 위로 돌파하는 것을 말하며, 중기 골든크로스는 20일 선과 60일 선을, 장기 골든크로스는 60일 이동평균선이 120일 이동평균선을 상향하여 위로 돌파하는 것을 말한다. 이것은 투자심리가 긍정적으로 변하면서 장세가 올라갈 가능성이 높아졌음을 나타내는 신호이다.

데드크로스(dead cross)는 상승장에서 하락장으로 변하는 경우, 중기선이 장기선을 위에서 아래로 뚫고 내려가는 것으로 하락에 접어들었다는 확인 신호이기도 하다. 통상 데드크로스가 발생하면 장세가 약세시장으로 진입한다는 강력한 전환 신호로 예측할 수 있다.

골든크로스의 예

데드크로스의 예

❹ 매매 시점과 전략

🔍 분할매수/분할매도

분할매수와 분할매도는 트레이딩의 필수 전략이다. 변동성이 큰 코인 시장에서 내가 사면 떨어지고, 내가 팔면 올라가는 경험을 최소화하기 위해서는 분할매수와 분할매도를 습관화하는 것이 중요하다. 특히, 분할매수를 기계처럼 이행해야 수익을 낼 수 있는 확률이 높아진다.

코인 시장에서의 분할매수와 분할매도는 꽃이다. 분할매도는 분할매수의 반대되는 개념으로 적용할 수 있기 때문에 분할매수를 중심으로 설명한다. 대표적인 방법으로는 크게 다음 두 가지가 있다.

1. 금액, 시간을 모두 분할하여 비용 평균(cost average) 효과를 볼 수 있는 분할매수
2. 금액을 분할하여 평균단가를 조정하는 분할매수

두 방법 모두 코인 시장에서는 꽤 잘 먹히는 분할매수 방법이다. 하나하나 살펴보자.

첫 번째 방법은 적립식 투자와 같은 개념이다. 우리가 흔히 아는 이동평균선은 각 캔들의 가격을 일정 기간 동안 평균을 낸 지표이다. 즉 매일 동일한 시간, 똑같은 금액으로 어떤 코인을 산다고 가정해보면 1일 이동평균선 위에 캔들이 위치하는 순간 우리는 수익을 보고 있다는 말과 똑같다. 차트로 예시를 들어보자. 아래 그림은 비트코인/달러 1일 차트이다. 그림과 같이 2019년 10월 15일부터 매일 아침 9시에 같은 금액으로 비트코인을 구매했다면, 2020년 2월 12일 기준 27%의 수익을 볼 수 있다. 한동안 하락 추세를 보여줬지만, 가격 상관없이 매일 일정 금액을 구매만 했다면 평균단가가 120일 이동평균선에서 형성되면서 27%라는 수익을 볼 수 있다.

두 번째 방법은 현재가로부터 아래 가격으로 매수를 받쳐 놓는 전략이다. 일정 간격의 가격에 대해 같은 가격만큼 매수를 받쳐 놓는다면, 모두 체결되었을 때 평균 단가는 매수를 시작한 가격과 매수가 종료된 가격의 중간 가격으로 형성된다. 따라서 중간 가격 위로만 가격이 형성된다면 수익을 볼 수 있다. 아무래도 매수를 하고자 하는 가격에 일일이 매수를 받쳐 놓아야 하기 때문에 약간의 노동력이 필요하지만, '부지런한 새가 벌레를 더 잡는다'라는 속담이 있듯이 매매에도 부지런할수록 안전하고 확실한 수익을 가져올 수 있다.

코인은 본인이 원하는 금액만큼 소수점 단위로도 구매가 가능하기 때문에 분할매수가 갖는 매력은 상당히 크다. 예를 들어보자. 현재 코인의 가격이 10만 원이고 100만 원을 1,000원 간격으로 투자하고자 할 때, 다음 페이지의 그림같이 10만 원으로 10개의 분할매수를 걸어 두었다. 만약 10개가 모두 체결된다면 10만 원부터 9만 원까지 매수되었고, 평균단가는 9만 5천 원으로 형성된다. 따라서 코인 가격이 9만 5천 원 이상으로 올라오기만 한다면 수익권에 들어선다. 변동성이 큰 코인 시장에서는 하락이 크더라도 반등이 크기 때문에, 적절한 매수 타이밍을 잡고 위 지표 등을 바탕으로 적절한 지지선을 설정한 후 분할매수를 한다면, 흔히 말하는 것처럼 '물리더라도' 남들보다 금방 수익으로 전환될 수 있다. 실제 과거의 차트를 통해 분할매수를 했을 때와 안 했을 때의 수익률을 비교해보자.

아래 그림은 코로나 발생으로 인한 폭락 전, 시장가 매수를 한 뒤의 가격 변화를 보여준다.

상황: 지속적인 상승을 하고 있다가 하락하는 구간에 들어섰음. 지속적인 상승 기대감으로 하락 시 추가 매수를 준비하고 있었으며, 운 좋게 하락 저점에서 매수하여 반등을 보여줘서 기분이 매우 좋은 상황. 하지만, 며칠 후 코로나로 인한 폭락이 발생하여 대응할 여지 없이 강제 존버 모드로 돌입

결과: 6월 24%의 수익 실현

저점을 기가 막히게 잡아 풀매수했지만 단기 반등 후 갑작스럽게 폭락한 경우다. 그러나 강한 인내심으로 버텨 24%의 수익을 실현했다.

다음 페이지의 그림을 보자.

상황: 지속적 상승 후 하락을 보였고, 반등으로 인해 추세 전환이라고 생각했지만 안전하게 분할매수를 세팅함. 운이 좋게도 최저점까지 세팅된 분할매수가 체결되었고, 평균단가가 분할매수 시작점과 종료점의 중심값으로 형성됨

결과: 6월 54%의 수익 실현

두 상황의 가장 큰 차이는 수익률이다. 대략 2배 정도의 수익률 차이가 발생하였다. 수익률도 중요하지만, 보이지 않는 차이점이 있다. 바로 심리적 이득이다. 첫 번째 상황의 경우 폭락을 맞으며, 그 기간 동안의 심리적 요소는 바닥을 쳤을 것이 분명하다.

하지만 분할매수를 통한 매매를 한 상황이 체결되면서 더 내려가는 것 아닐까 걱정은 하겠지만, 어떤 투자자는 더 내려와서 더 많이 체결되길 간절히 기도했을 것이다. 또한, 평균단가가 낮게 설정되면서 눈에 보이는 마이너스 퍼센티지가 현저히 줄었기 때문에, 심리적으로 첫 번째 상황보다는 안정적일 것이다. 이처럼 분할 매수는 수

익적으로나 심리적으로나 이득을 볼 수 있는 매매 전략이다.

🔍 매수/매도 시점 잡기

인간지표 활용

아무리 상승률이 높은 코인이라 할지라도 매일 상승하는 것은 아니고, 하락할 때도 있으며 횡보할 때도 있다. 하지만 높은 상승률의 맛을 본 투자자들은 이 하락과 횡보 기간이 길어질수록 상승에 대한 열망이 깊어지고 불만 또한 깊어진다. 지치고 불만이 많아지고 심리가 불안정해지면서 포기하는 투자자들이 많아지는데, 이런 상황에 시장의 추세가 바뀌곤 한다.

누구나 아는 호재에는 많은 수급과 관심도가 높아지기 마련이다. 이 방법은 시장의 심리를 이용한 매도 방법이다. 호재 뉴스나, 수급이 몰리는 상황에는 장대양봉이 나타날 때 매도한다.

MACD 매수/매도 방법

MACD는 주가의 단기 이동평균선과 장기 이동평균선의 수렴과 확산을 나타내는 보조지표이다. 26일간의 지수평균과 12일간의 지수평균간의 차이를 산출하여 다시 9일간의 지수평균으로 산출한 값이다. MACD 막대가 '0'을 기준으로 아래로 내려올 때 매도 신호라고 보면 된다. 반대로 '0'을 기준으로 위로 올라갈 때 매수 신호라고 보면 된다.

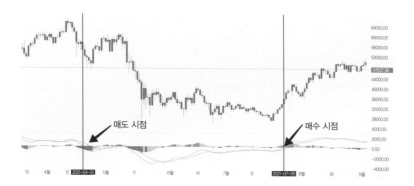

RSI 매수/매도 방법

상대강도지수는 기술적 분석에 사용하는 보조 지표이다. 이 분석은 거래량을 통하여 매도 시점과 매수 시점을 예측할 수 있다. 다음 페이지 그림의 지표는 기준선 50보다 내려가면 매도세가 강한 것이며, 50보다 위로 올라가면 매수세가 강하다고 할 수 있는 것이다. 지표가 70이상이라면 부분 매도를 하는 것이 포인트이다. 지표가 30 이하일 때 매수하는 것이 포인트이다. 실전투자로 개인의 기준점을 정하는 것이다.

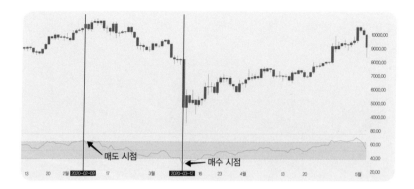

지지선과 저항선의 매수/매도 방법

지지해주는 구간에서 매수하여 저항구간에 터치하는 추세선에서
매도하는 방법이다. 수익률을 극대화할 수 있는 매도 방법이다. 혹
은 저항선 위로 안착 시 전 고점구간이나 종가 마감된 선을 가로줄로
그어보며 포인트를 걸어둔 후 그 구간을 올라설 때마다 보유한 코인
을 20%씩 매도하는 방법도 좋은 방법 중 하나이다. 항상 최고점에서
매도할 수는 없는 것이다. 그러기에 한 번에 전량 매도하는 것보다
수량을 일정 부분 가지고 가면서 매도하는 것이다. 역시나 필수 포
인트는 분할매도인 것이다.

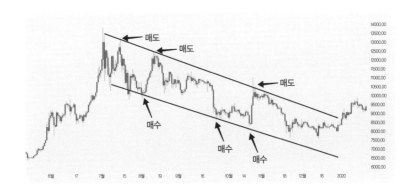

차트의 패턴을 분석하고 학습하는 것이 투자 성공의 핵심입니다.

제 5 장

암호화폐
선물거래

본 장에서는 일반적인 매매 방법이 아닌, 선물거래 방법
에 대해서 설명하고자 한다. 가격이 올라가는 것으로만
수익을 낸다고 생각했던 투자자에게 가격이 내려갈 때
도 수익을 낼 수 있다는 새로운 가능성을 열어줄 수 있
을 것이다.

❶ 선물이란?

선물거래는 대표적으로 달러를 담보로 하는 USDT(테더), USDC 등으로, 달러와 동일한 가치를 갖는 자산으로 암호화폐 시장에서 거래되며, 본인이 소유하고 있는 코인을 담보로 하여 투자도 가능하다(예로 비트코인 1개를 통해 투자). 거래소마다 특성이 다르지만 주로 메이저 위주로 투자가 가능하도록 서비스를 제공한다. 선물거래에는 long(상승), short(하락)에 베팅하는 것이 있다.

시장이 추세가 올라갈 것으로 예상되면 long에 진입하여 시장의 상승분에 따른 이득을 얻을 것이며, 반대로 시장이 하락할 것으로 예상되면 short에 진입하여 하락한 만큼에 대한 이익을 얻게 될 것이다. 선물거래는 내가 가진 자산을 담보로 하기 때문에 달러의 증감, 코인 개수의 증감을 일으킬 수 있으며, 레버리지(배율)를 통해 자산의 증식에 있어서 효율적으로 이용이 가능하다.

코인 선물거래는 기본적으로 해외 선물거래와 다소 차이점이 있다. 코인 시장의 특성에 맞게 24시간 거래가 이뤄진다. 해외선물의 경우 정해진 시간에 개장되어 종료하는 것과는 사뭇 다르다. 앞서 말했듯 선물거래는 시장에 큰 유동성을 제공한다.

실제로 1개를 가지고 있지만, 1개를 투자하는 것보다 더 많은 5개, 10개를 가진 것처럼 투자가 가능하고, 실현 손익이 5배, 10배도 가능하니 그만큼 리스크를 감수하고 투자하는 사람들에 의해 시장에 유동성이 제공된다. 시장은 내가 얼마나 파이를 먹느냐의 싸움같지만, 제로섬게임과 같다.

내가 좋은 가격에 매수해서 남들에게 매력적인 가격에 매도를 하는 것만큼 좋은 방법이 없는데, 이것은 모두가 부자가 되는 세상과 먼 이야기이다. 누군가가 돈을 벌면 그만큼 잃는 사람이 존재한다는 점을 간과해서는 안 된다.

선물거래를 통해 유동성이 제공되면 시장이 활성화되고, 급격한 상승과 하락에서 고 레버리지를 통해 수익을 얻으려고 했던 사람들의 청산을 통해 포지션이 정리될 수 있다. 여기서 생소한 단어가 몇 개가 보였을 것이다. 고배율 또는 저배율이라는 것은 상대적으로 개인의 실력과 시장을 보는 관점에 따라 다를 수 있는데 높은 레버리지를 사용한다면 그만큼 시장의 진폭이 거센 시점에 손익이 크게 발생할 수 있으며, 포지션은 개인이 진입한 위치(본인이 매수, 매도에 투자한 시점)를 말하며, 진입의 기준은 본인이 정하므로 천차만별이다. 하지만 시장의 분위기에 맞게 투자를 하는 것도 좋다.

 기본기가 있는 사람의 경우에는 시장이 하락할 것이라고 예상되는 구간에서는 헷징(hedging) 기능을 통해 자산의 규모나 개수를 늘림으로써 내 자산 가치의 하락을 막을 수 있다. 현물 투자만 하는 경우에는 오르는 것에 대한 투자만 가능했다면, 여기는 상승하면 상승에 대한 이득분과 상승한 만큼의 테너나 개수를 얻을 수 있다는 것이다. 반대로 하락하면 하락하는 만큼의 테너나 개수를 얻음으로써 자산의 하락에 따른 헷징이 가능하다.
 선물거래를 통해서 우리는 비교적 적은 금액으로 큰 규모의 거래를 할 수 있다. 또한, 현물과 선물의 가격 차이로 차익을 통한 수익도 얻을 수 있으니 사이가 벌어지는 순간을 잘 포착하여 이득을 얻길 바란다.

❷ 선물거래하기

🔍 선물지갑 개설하기

선물지갑은 현물지갑과 구분되어 존재한다. 구분이 되어야 하는 이유는 현물거래를 하려던 사람이 본인의 착오를 통해 선물거래를 하여 발생할 수 있는 투자에 대해서 구분을 두는 것이며, 투자자 본인의 착오로 인해 발생하는 결과를 방지하는 것을 목적으로 한다.

금융기관에서 제공하는 금융 상품들 중에는 주식, 은행, 보험 등 여러 가지가 존재하는데, 일반 계좌 외에 추가적이거나 투자 기대수익이 높은 상품을 가입할 때는 투자자가 해당 상품에 대해서 이해도가 어느 정도인지 확인하는 차원의 '상품가입설명서'와 같은 것을 볼 수 있다.

해당 상품이 어떠한 특성(고위험, 저위험 등)을 가지는지 소개하며, 충분한 설명을 듣고 이해하고 있는지가 매우 중요한 요소로 작용하며 설명을 제대로 듣지 않았다면 이를 빌미로 해지할 수 있다. 선물지갑은 대부분의 거래소들이 유사하지만, 해외거래소의 경우 간단한 신원 인증이나 아주 간편한 절차를 통해 지갑을 개설할 수 있다.

🔍 선물거래 종목

제공하는 기능의 이해도에 따라서 본인에게 꼭 맞는 투자방법을 통해 리스크를 피해갈 수도 있는데 단순히 돈을 벌겠다는 마인드로 접근해서는 큰 손해를 볼 수 있다.

> **격리:** 내가 투자한 만큼의 수량으로 투자하며, 특정 가격까지 하락을 한다면, 청산(포지션 정리)할 수 있다.
>
> **교차:** 내가 투자한 만큼의 수량으로 투자되지만, 특정 가격을 이탈하여도 담보금이 남아 있다면 청산되지 않고, 일정 부분까지 손해가 발생하여도 청산이 되지 않는다(그러나 비중 조절에 실패하는 경우 투자한 금액 외에 담보금까지 손해 발생 가능).

❸ 선물거래 투자 기법

헷징 거래

암호화폐 헷징(Hedging)이란 말 그대로 가격변동으로 인한 손실을 막기 위한 거래이다. 헷징이란 단어는 암호화폐뿐 아니라 기존 금융시장에서도 널리 쓰이는 단어이다. 주로 현물시장에서 발생하는 가격변동으로 인한 손실을 막기 위해 사용된다.

헷징 거래의 원칙은 크게 네 가지가 있다.

1. 반대 거래 포지션의 원칙
2. 상품 유형 상통의 원칙
3. 동일 수량의 원칙
4. 시간 기한 일관성의 원칙

반대 거래 포지션의 원칙은 현재 여러분이 비트코인을 현물거래를 통해 가지고 있는데, 비트코인 가격이 떨어질까 봐 걱정된다면 숏(short) 포지션을 취해서, 현물거래에서 발생되는 손실을 숏 포지션의 수익으로 헷징한다고 생각하는 것이 편하다.

상품 유형 상통의 원칙은 단순히 돈을 가지고 비트코인을 구매해야 투자하는 것과 같은 원리로 레버리지 포지션을 선점할 때도 역시 비트코인을 가지고 있어야 하며, 레버리지 포지션을 취할 수 있는 동일 상품이어야 한다는 것이다. 동일 수량의 원칙 역시 1비트코인을 가지고 있으면 1비트코인을 숏포지션으로 가지고 있어야 하며, 마지막으로 시간 기한 일관성의 원칙은 가급적 현물을 구입한 시간과 포지션을 가져가는 시간이 동일해야 한다는 것이다.

헷징 거래의 한 예시로 최근 있었던 후오비 글로벌 거래소의 후오비프라임 예시를 들 수 있는데 후오비프라임은 후오비 거래소의 거래소 토큰인 후오비토큰(HT)을 일주일간 후오비프라임에 락업 시켜놓으면 자신의 예치금에 따라 신규 상장되는 코인을 비율대로 분배받는 청약 공모주 같은 개념의 투자였다.

허나 많은 투자자들은 일시적으로 HT의 가격 급등락을 걱정하였고, 이에 따라 HT를 현물로 구매하는 동시에 HT의 포지션을 Short으로 취해 HT의 현물 손실을 Short 포지션으로 헷징했다. 그리고 신

투자자들은 일주일간 HT의 토큰을 락업(Lock up)과 숏포지션 헷징을 통해 HT 가격 변동에 따른 손해 없이 연이율 약 135.62%의 수익을 올릴 수 있었다.

규 상장되는 코인을 받아 판매함으로써 고정 수익을 얻을 수 있었다.

🔍 레버리지 토큰

암호화폐 레버리지 거래를 하는 투자자들에게 가장 무서운 게 뭘까? 바로 포지션이 청산되는 것이다.

일반적인 코인투자(현물거래)는 가격이 하락해도 내 자산은 깎이지만 내가 보유한 코인의 수는 사라지지 않는데 반해, 레버리지 거래를 통해 계약한 포지션은 가격의 등락에 따라 청산되는 경우가 발생되는데, 청산이 발생되면 계약 자체가 제로(0)로 수렴되기 때문에 말 그대로 모든 것을 잃게 된다.

그렇기 때문에 이 '청산' 시스템에 두려움을 가지고 있는 투자자에게 대안을 제시하고자 몇몇 거래소는 일명 '레버리지 토큰'을 출시했는데, 바이낸스에서 출시한 레버리지 토큰은 각 토큰 심볼 옆에 UP&DOWN으로 표시되어 있다.

이같은 토큰들은 레버리지된 선물 포지션을 토큰화한 것으로 무기한 선물시장의 오픈 포지션을 나타낸다. 공매수 일명 Long 포지션은 UP 토큰으로, 공매도인 Short 포지션은 Down 토큰을 구매해 보유하면 된다.

각 거래소마다 레버리지 토큰은 다르며, 그 거래소에서 발행한 레버리지 토큰은 반드시 그 거래소에서만 거래된다(바이낸스의 BTCUP &DOWN 토큰은 반드시 바이낸스에서만 거래가 된다).

바이낸스 레버리지 토큰 같은 경우 고정 레버리지가 아닌 1.5배에서 3배의 변동성 있는 레버리지를 유지하며, 이 가격은 선물시장인 바이낸스 퓨처스의 가격의 영향을 받는다(한 예로 BTCUP&DOWN 같은 경우 바이낸스 퓨처스의 BTC 가격의 영향을 받는다).

또한, 레버리지 토큰은 선물거래와 마찬가지로 펀딩비(레버리지 선물 계약을 하는 계약 당사자 간에 평균가 조정을 위해 발생되는 비용)가 토큰 가격에 포함되어 있고, 레버리지 토큰은 현물시장에서 판매를 하거나 토큰의 가치를 따져서 상환할 수 있다.

🔍 차익거래

차익거래란 한마디로 거래소 간에 발생하는 시세 차익을 가지고

거래하는 것을 뜻하는데, 다르게 표현하자면 거래소간 프리미엄을
거래하는 행위라고 할 수 있다.

비트코인을 비롯한 암호화폐가 전 세계에서 동시에 거래되기 때문
에 국가별 그리고 거래소별로 가격 차이가 발생할 수 있으며, 차익
거래에서 가장 흔히 사용하는 것은 한국거래소와 외국거래소의 가
격 차이, 일명 '김치프리미엄'과 '역프리미엄'이다.

한국의 주요 암호화폐 커뮤니티를 보면 한국 프리미엄(김치 프리미
엄)을 한눈에 비교할 수 있다.

| BTC ETH LTC ETC XRP XLM BCH EOS ADA DOGE | | | | | ▲접기 ⚙ |
거래소	실시간 시세(KRW)	실시간 시세(USD)	24시간 변동율	한국 프리미엄	거래량
빗썸	55,265,000 KRW	47,544.69 USD	▲ 2,494,000 +4.73%	+29,422 +0.05%	4,095 BTC
업비트	55,321,000 KRW	47,592.87 USD	▲ 175,000 +0.32%	+85,422 +0.15%	12,405 BTC
코인빗	55,376,000 KRW	47,640.19 USD	▲ 2,498,000 +4.72%	+140,422 +0.25%	763 BTC
코인원	55,291,000 KRW	47,567.06 USD	▲ 2,487,000 +4.71%	+55,422 +0.10%	1,864 BTC
코빗	55,300,000 KRW	47,574.80 USD	▲ 2,520,000 +4.77%	+64,422 +0.12%	267 BTC
플라이어	55,249,967 KRW	47,531.76 USD	▲ 2,476,141 +4.69%	-	3,487 BTC
바이낸스	55,238,157 KRW	47,521.60 USD	▲ 3,108,588 +5.96%	-	50,510 BTC
파이넥스	55,260,708 KRW	47,541.00 USD	▲ 2,480,519 +4.70%	-	5,660 BTC
환율: 1,162.38		전체 시장: $1,991,137,333,754	24H 볼륨: $107,454,759,329	비트 점유: 44.83%	

국내 투자자들 사이에 FOMO(Fear Of Missing Out)가 올수록 김치프
리미엄은 높아지니 역프리미엄 때 비트코인을 외국거래소로 옮겨놔
테더(USDT)화하였다. 그러다 김치프리미엄이 올라갈 때, 테더를 활
용해 외국거래소에서 암호화폐를 구입해 업비트나 빗썸 같은 한국
거래소로 전송해서 판매하면 된다.

선물거래의 성공과 실패

성공 사례

국내에서 암호화폐 거래를 하는 투자자들의 입에 가장 많이 오르내리는 투자자는 단연코 '워뇨띠'라는 인물일 것이다. 이 사람은 한 번도 유튜브나 각종 매체에 본인의 실명이나 얼굴을 드러내진 않았지만, 한국의 암호화폐 커뮤니티와 파생상품 거래소인 비트맥스의 리더보드에 유일하게 한국인으로 이름을 올리고 있으며, 600만 원에서 1,800억 원까지 수익을 올린 전설적인 인물이다.

그가 활동한 암호화폐 커뮤니티에서 놀라운 수익금과 수많은 기프티콘 에어드랍 등으로 화제된 바 있다. 일부 커뮤니티에서는 그와의 인터뷰 내용을 바탕으로 추정하길 20대 중반의 남성 정도로만 알려져 있고, 세부적인 정보는 아직도 베일에 쌓여있다.

워뇨띠(닉네임 AOA)는 한국인으로선 유일하게 비트맥스에서 수익률 순위를 알려주는 리더보드 4위에 위치해 있다. 그는 현재까지 약 3,118개의 비트코인(약 1,700억 원)의 수익을 올린 바 있다.

실패 사례

지금이야 1개의 비트코인 5천만 원이 넘지만(이 책의 원고를 쓰고 있는 시점인 8월 14일 업비트 기준으로 약 5,520만 원에 거래되고 있다), 불과 시간을 1년 4개월 전으로만 돌려도 비트코인은 엄청난 팬데믹을 겪었다.

전 세계적으로 코로나 팬데믹 영향을 받은 탓에 비트코인뿐만 아니라 세계 증시, 채권, 원자재값 등 글로벌 경제가 완전히 일순간에 무너졌었는데, 이 당시 비트코인은 2020년 2월 13일부터 3월 13일까지 한 달 사이에 무려 57%가까운 급락을 보여주었다(물론 급락 이후 5월 초까지 약 두 달간 100%가 넘게 오르며, 팬데믹 이전으로 가격이 복귀하긴 했다).

이 당시만 해도 파생상품 시장에서 비트맥스 거래소의 영향력이 가장 강력했는데, 한국 시간으로 3월 13일 저녁 10시쯤 되어 비트맥스가 DDOS 공격을 받아 로그인 및 접속 지연이 발생하였고, 11시 16분에서 약 30분간 서비스가 정지되었다. 이에 미처 대응할 수 없었던 수많은 투자자들의 포지션이 대규모로 청산되는 일이 발생했다.

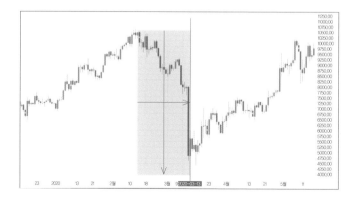

한국의 석가탄신일, 국내 암호화폐 시장에선 일명 '붓다 빔'이라는 이름으로 비트코인 가격이 대규모로 하락했으며, 이로 인해 대규모 포지션 청산이 일어났다.

빨간색 네모 안의 캔들이 5월 19일 비트코인의 가격변화 캔들로, 당시 $43,600대의 비트코인 가격이 일시적으로 3만 불까지 떨어지며 폭락이 찾아왔다.

특히, 한국 암호화폐 투자자들 사이에서 잘 알려진 유명 암호화폐 인플루언서들도 대규모 청산을 겪었는데, 전 중앙일보 경제부 기자이자 암호화폐 및 디지털 자산 전문가로 불리는 한 여성 기자 역시 이 당시 약 39억 원의 청산을 당하며 투자자들은 이 시장의 위험함을 다시 느끼게 되었다.

제6장

암호화폐의
또 다른 세계

본 장에서는 '암호화폐의 또 다른 세계'라는 주제로 스
테이킹과 디파이를 다룬다. 이 외에도 상당히 많은 개념
이 존재하지만, 접근하기 쉬우면서도 웹에서도 쉽게 찾
아볼 수 있는 두 주제만을 다룬다. 본 장을 통해 거래소
가 아닌 암호화폐 자체의 성격으로부터 나오는 다양한
개념이 있음을 인지하고 공부해본다면 암호화폐 시장
에 좀 더 흥미를 갖고 투자할 수 있을 것이다.

❶ 스테이킹

스테이킹을 처음 들었다면 생소하고 개념이 잘 이해가지 않을 것이다. 실제로 현물 투자를 잘 하는 사람 중에는 필요성을 못 느끼는 사람도 많다. 투자 성향과 나이에 따라 금융상품에 대한 경험이 천차만별이겠지만, 은행 적금 정도는 다들 알 것이다. 저금리 시대에서는 대출을 받아도 금리(돈에 대한 이자)가 낮아서 운용하는 데 부담이 덜하지만, 그만큼 적금이자도 낮은 편이다. 금융 상품은 여러 가지가 있지만, 대부분의 금융상품은 복리 투자는 제공하지 않는다.

적금과 스테이킹을 비교하자면 적금은 정해진 기간, 1년이면 1년 동안 건드리지 않아야 하며, 발생하는 이자는 종료 시점에 1번 받는다. 여기에다 이자소득세를 내고 나면 받아야 할 금액에서 85% 정도만 수령하게 된다.

반면, 스테이킹은 맡기는 기간에 따라 이자가 다르며, 매일 같이 이자소득이 발생하며, 그 이자를 재투자하거나 다른 자산을 구입하는 데 사용해도 된다. 같은 금액으로 투자했다고 하더라도 후자가 더 많은 수익이 발생할 가능성이 높다.

하지만 본인이 스테이킹을 하고자 하는 암호화폐가 구매할 당시에 고평가되었거나 시장에 관심이 뜨겁다면, 개수는 늘어나지만 이익과 가치하락에 따른 손해가 발생한다. 이 점은 꼭 명심해야 한다. 그러니 해당 자산에 대한 투자방식을 정한 뒤 이에 맞게 진행해야 한다.

스테이킹은 해당 네트워크를 구성하는 데 일조할 수 있는 일종의 주주권 행사에 대한 권한을 가짐으로 해당 주주에게 배당금을 지급하는 방식이다. 본인의 투자성향이 이런 데에 눈이 밝고 투자 상식이 있다면 개인지갑을 통해 해당 네트워크에 참여하여 수익을 얻거나 노드를 돌려서 투자하는 것도 한 방법이다.

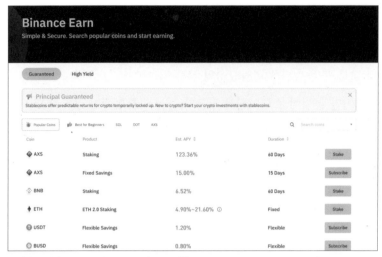

바이낸스 거래소 스테이킹 메인 화면(예금 이율)

스테이킹/위임

　흔히 말하는 채굴은 블록체인에 새로운 블록을 생성(추가)할 때, 블록 생성에 대한 대가로 해당 블록체인의 토큰을 받는 것을 의미한다. 이때 블록을 생성하는 방식에 따라 대표적으로 작업증명 방식과 지분증명 방식이 있다.

　지분증명은 고성능의 컴퓨팅 자원을 필요로 하지 않는다. 지분증명 방식은 자신이 보유하고 있는 코인으로 네트워크에 직접 참여하여 지분에 따라 블록생성 기회를 갖는다. 이 때, 본인의 지분을 갖고 블록체인 네트워크에서 블록을 생성하는 과정에 참여하는 것을 '스테이킹'이라고 한다. 즉, 일정량의 암호화폐를 보유한 모든 사람은 블록을 생성, 서명 및 검증하고 지분에 비례하여 이에 대한 보상을 받는 것으로 일종의 채굴이다.

스테이킹을 하는 데 필요한 유일한 것은 블록체인 네트워크의 일부가 되기 위해 블록체인 서버를 운영하고 온라인 상태를 계속해서 유지하는 것이다. 하지만 모든 암호화폐 보유자가 서버를 운영할 수 있는 것은 아니다. 때문에 이 지분증명 방식에는 위임(delegation)이라는 개념이 존재한다.

위임은 스테이킹 권한을 다름 사람에게 위임하고 자신이 직접 서버를 운영하지 않는 것이다. 즉, 서버를 유지할 필요없이 스테이킹에 참여하고 스테이킹 보상을 받을 수 있다는 점에서 일반인들에게는 매우 유용한 기능이다. 위임을 한다고 해서 개인 자금이 잠기거나 서버 운영자에게 이동하는 것이 아니고, 권리만 위임을 하는 것이기 때문에 안전하다.

위임을 하여 스테이킹에 참여하면 보상을 받게 되는데, 적금과 다소 유사하고 보상 지급은 블록체인 네트워크마다 상이하다. 매일 보상을 해주거나 정해진 기간마다 보상이 나온다. 위임을 하는 방법은 크게 두 가지가 있다.

🔍 스테이킹/위임 방법

거래소를 통한 스테이킹

최근 대형 거래소의 상품을 살펴보면 스테이킹 상품이 많이 보인다. 이는 거래소에서 직접 블록체인 네트워크에 참여하기 위한 서버를 운영하고, 사용자는 거래소에서 운영하는 스테이킹에 참여하기 위해 위임을 하는 것이다. 하지만, 거래소는 영리 기관이기 때문에, 수익을 목적으로 다양한 방식으로 스테이킹을 지원한다.

일반적으로 거래소를 통한 스테이킹은 특정 기간 동안 자금 이동이 제한되며, 해당 기간이 지나면 보상을 지급하는 예금 방식이다. 따라서 예치 기간에 따라 주어지는 보상의 양이 다르게 상품을 구성한다. 해당 거래소에서의 예치 기간이 길수록 보상을 많이 주는데, 높은 보상율에 의한 상품이 인기가 많기 때문에 금방 매진되니 수시로 들여다 보는 것도 필요하다.

만약 국내거래소에서 해외로 옮기는 경우에는 김치프리미엄(해외와의 시세 차이)을 고려해서 옮기는 것이 좋다. 국내와 해외가 다른 경우 국내 프리미엄으로 인해 100개 살 것을 90개 살 수 있으니 프리미엄은 투자에 참고하는 게 좋다. 만일 옮겼다고 하더라도 본인이 투자하는 것에 대한 보상이 참여도나 참가자의 수가 많을수록 줄어들 수 있다. 즉, 변동금리와 동일하다고 생각하면 된다.

개인지갑을 이용한 스테이킹

암호화폐는 앞선 장에서 언급했다시피 개인 자산을 보유할 수 있는 별도의 지갑이 존재한다. 이 지갑을 통해 스테이킹 서버를 운영하고 있는 네트워크 참여자들에게 위임할 수 있으며, 개인은 주기적으로 보상을 획득하게 된다.

대표적으로 스테이킹이 활발히 이뤄지는 암호화폐는 에이다, 솔라나, 폴카닷, 미나 프로토콜 등이 있으며, 각 암호화폐의 토큰 정책에 따라 보상으로 주어지는 수량이 다르다. 주어진 보상은 개인지갑에 자동으로 축적되고, 해당 보상을 포함한 개인 자산이 그대로 위임이 되어 복리로 보상을 수령하게 된다. 또한, 자금의 이동이 자유로워 언제든 거래소로 개인 자산을 이동하여 거래할 수도 있다.

암호화폐는 각자의 생태계를 구성하고 있다. 이에 따라 발생하는 것들에 대해서는 오픈챗방, 카페 그리고 커뮤니티를 통해 적극적으로 활동해보기를 권장한다. 개인이 직접적으로 투자를 해보고 커뮤니티 활동을 하면 투자에 대한 확신도 들고 본인이 해당 분야에 대해 미래성을 결합할 수 있으니 좋은 투자 방법이 될 수 있다. 하지만, 커뮤니티도 양질의 정보보다는 무지하게 기도매매만 하는 경우도 있으니 객관적으로 로드맵상 실현 목표를 행하고 있는지 github, 플립사이드 크립토 등에서 개발진들의 참여도나 평가 점수를 통해서 객관화할 수 있다.

🔍 스테이킹을 하는 이유

　티비에 연일 대기업이나 테슬라와 같은 주식이 끊임없이 상승하고 있다는 방송을 접한 적이 있을 것이다. 그러나 끊임없이 상승하는 것을 본 적이 있는지 묻고 싶다. 필자는 끊임없이 상승하는 금융상품을 단 한번도 본 적이 없다. 시장이 과열되면 부의 순환고리에 따라 투자자들은 그 이익 상승분을 다 회수하기 마련이고, 욕심이 과했던 대부분의 투자자들은 손해를 볼 수 밖에 없다.

　하지만, 그와 반대로 투자의 기회를 생각한다면 모두가 공포를 느끼고 투자에 대한 매력도가 낮아진 시점을 포착하는 게 중요하다. 공포심리에서는 매수에 대한 심리도 위축되어 거래량도 적어지며 가격도 낮아진다. 반대로, 유통량이 많아지면 시장에서 거래량이 많이 발생한 구간은 모두가 열광하기 때문에 관심이 적었던 시기보다 더욱 비싸게 거래되기 마련이다.

Locked Staking							
🔷 KLAY	10.37%		30	60	90	1KLAY	Stake Now
Ⓢ SAND	25.15%		30	60	90	1SAND	Stake Now
🐂 BIFI	27.21%		30	60	90	0.01BIFI	Sold out Check
ꜩ XTZ	10.61%		30	60	90	50XTZ	Stake Now
AirDrop GAS							
🪧 NEO	🪙 GAS 8.79%		15	30	60	0.1NEO	Stake Now
◆ WAVES	7.49%		15	30	60	50WAVES	Stake Now
⚫ ATOM	12.78%		30	60	90	1ATOM	Sold out Check
⊚ RAMP	12.20%		30	60	90	1RAMP	Sold out Check
◎ ROSE	23.03%		30	60	90	10ROSE	Sold out Check

바이낸스 스테이킹 90일 설정 시 이율

그렇다면 시장에서 매력도가 높지 않은 시점에 저렴한 가격에 구매한다면 상대적으로 내가 사고 싶었던 코인을 저렴한 가격에 많이 가질 수 있다. 그렇다면 남들이 다 매력을 느끼는 시점에서 살 것인가? 아니면 더 많은 개수를 가질 수 있는 기회를 기다릴 것인가는 본인이 잘 판단해야 한다. 100만 원에 100개를 살 수 있던 것이, 100만 원에 200개를 사서 동일한 이율 10%를 받는다면 후자의 수익률이 더 높다는 것은 간단한 암산으로도 가능하다.

투자의 적기를 구분하지 못하겠다면, 정해진 날짜마다 적립식으로 구매하는 것도 좋다. 날마다 투자하는 레버리지 방식을 통해 가격에 연연해 하지 말고 개수를 늘려 매일, 매달 스테이킹을 맡긴다면 어느 순간 불어난 자산을 맞이할 것이다.

암호화폐의 시세 등락이 골치 아프다면, 요즘은 스테이블(달러의 가치와 동일) 코인을 맡기면 연이율 5% 이상을 주는 거래소도 있다. 우리가 은행에 가서 1% 금리 적금에 100만 원을 맡기면 1년이면 1,200만 원을 맡기게 되어 적금으로 얻는 수익은 이자소득세를 제외하고 대략 8만 원 정도인데, 5%면 안 할 이유가 없다고 생각한다.

보통은 본인 개인지갑에서 참여하는 것은 중간자(거래소)를 거치지 않아, 네트워크 참여에 대한 보상(이율)이 좋지만, 처음 하는 사람의 입장에서는 다소 어려울 수 있다. 하지만, 편의성 측면에서는 거래소에 스테이킹을 하면 비교적 직접 개인지갑에서 스테이킹을 하는 것보다 편리해 대부분의 사람들은 거래소 스테이킹 서비스를 이용하고 있다. 해외는 대표적으로 바이낸스, 오케이엑스 등이 있고, 국내에는 현재(2021년 기준) 코인원만 제공하고 있다.

스테이킹 전문 플랫폼과 메이저 거래소가 있는데 사용자 편의에 맞춘 것은 거래소이니 잘 알아보고 가입하길 바란다.

❷ 디파이

🔍 디파이란?

디파이(De-fi)는 Decentrailzed Finance의 약자로 탈중앙화 금융이라
는 뜻이다. 일단, 디파이의 핵심인 탈 중앙화의 뜻을 알기 위해서는
반대 개념인 중앙화의 기본을 이해하면 도움이 될 것이다. 우선, 중
앙화에 대해서 알아보자.

중앙화 금융(Centralized Finance: Ce-Fi)

중앙화 금융은 기존에 우리가 누리며 살아왔던 예금과 적금 서비
스, 대출, 투자, 결제 등 모든 금융 서비스 즉, 현실세계에서 일어나
는 모든 금융 시장을 일컫는다. 중심에는 법정화폐(Fiat Money)인 원화
나 달러 등이 있으며, 개인이 직접 정보를 보관하는 것이 아닌 기관,
회사가 투자자의 정보를 직접 보관하며 금융상품의 계약 조건이 성
립된 투자자의 정보를 시스템에 저장 및 보관하며, 신뢰를 보증한다.

우리가 은행에 돈을 맡기면 통장에 기록되고 그만큼의 돈에 대해 전자 시스템(중앙)에 저장된다. 기록된 정보를 우리는 컴퓨터나 핸드폰을 통해 어디서든 간편하게 확인이 가능하다. 이 기록을 통해 일상 속에서 손쉽게 돈을 보내거나 구매를 하는 데 사용할 수 있다. 이것은 이를 보증하는 기관이 존재하므로 가능하며, 이것을 중앙화 금융이라 말한다.

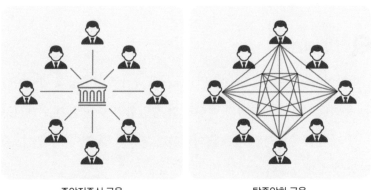

중앙집중식 금융   탈중앙화 금융

탈중앙화 금융(Decentralized Finance: De-Fi)

중앙화와 반대로 생각하면 이해하기 편하다. 일단, 중앙에서 관리하는 것이 아니며, 블록체인 네트워크상 작동하는 것을 탈중앙화 금융 서비스라고 한다. 중앙화 금융과는 다르게 별도의 통제나 관리를 하지 않고, 원화나 달러가 아닌 암호화폐를 통해 거래가 이뤄진다.

투자자와 사용자가 필요에 따라 만들어낸 상품(Person to Person: P2P)에 따라서 본인이 소유한 자산을 맡겨 수익을 얻기도 하고, 중개기관 없이 본인이 필요한 상품의 거래를 자유롭게 할 수 있는 시스템이다. 디파이 서비스의 본질은 금융 서비스이지만, 중앙을 대체하는 신뢰의 수단으로 '사전에 정해 놓은 규칙'을 누구의 승인도 없이 이행하는 '스마트 컨트랙트(Smart Contract)'가 중심이 되어 운용한다. 이를 통해서 사전에 합의된 내용을 서로 모르는 사람과 전자계약의 형태로 체결하고, 조건이 충족되면 자동으로 실행된다.

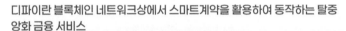

디파이의 정의 및 과정(출처: KISA)

즉, 기존 금융시스템보다 별도의 공간 제약 없이 더 간편하고 간결한 과정을 거친다. 우리는 금융기관이 중개하고 발행하는 예금 및 대출, 거래, 펀딩, 보험 등 많은 금융 서비스들을 은행 창구에서 업무를 봐야 했지만, 디파이는 그런 과정을 거치지 않고 진행할 수 있다.

기존의 금융시장에서는 상품 각각에 대한 금융기관인 은행이 정해 놓은 예금 서비스를 이용하여 돈을 예치하고, 금리에 맞게 만기 시 이자와 원금을 돌려받았다면 디파이는 중개기관 없이 금융서비스를 제공하며, 개인과 개인이 플랫폼을 통해서 거래하고 상품을 만들 수 있다.

투자자들은 이 상품을 거래하는데 효용이 있다고 판단되면 상품에 대해 투자나 대출을 받을 수도 있고, 상품을 거래하는 사람들에게 수수료를 얻고 싶은 사람은 자산(암호화폐)을 예치하여 제공하고 일정 수수료를 받으며, 투자하는 사람들은 본인이 얻고 싶은 암호화폐를 얻기 위해 투자 액수를 정하고 수익을 얻는다.

🔍 디파이 투자에 대해

디파이는 가상자산으로만 거래가 가능한 금융 서비스이다. 디파이를 금융서비스에 포함하는 이유는, 중앙화 금융 서비스에서 예금, 대출, 투자 같은 기능이 디파이에서도 제공되기 때문이다.

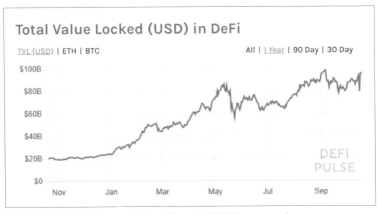

디파이 펄스(Defi-pulse)에서 보여지는 시장 규모의 변화(출처: Defi-pulse)

디파이 펄스에서 제공하는 표를 통해 예치금액(TVL, Total Value Locked)의 추이를 보면, 2019년 1월엔 6.5억 달러에서 2020년 1월엔 8.3억 달러, 21년 1월엔 16억 달러까지 증가했다.

2020년 6월을 기준(70억 달러)으로 예치금액은 점점 급증하기 시작했고, 유니스왑을 필두로 시장에 디파이 플랫폼들이 본격적으로 출시되면서 시장의 관심은 뜨거워졌고, 2021년 10월 20일 기준으로 예치금액은 1,000억 달러 규모로 성장했다.

디파이는 이더리움을 기반으로 하는 댑(Dapp)으로 해외에서 주로 개발되고 있으며, 후발 주자로 언급되는 메이저 코인(시총 30위 내)의 에이다, 아발란체, 루나 등의 플랫폼에서도 서비스를 오픈하고 있다. 국내에서는 대표적으로 클레이튼(카카오 자회사)을 기반으로 디파이 서비스를 제공하고 있다. 초기에는 유니스왑, 팬케이크스왑 그리고 국내에는 클레이스왑으로 시작하여 내국인을 포함한 전 세계 사람들이 별도의 장벽 없이 이용하고 있다.

바이낸스 체인 기반(Pancake Swap)에서 스테이블 코인 이자율(출처: Pancake Swap)

클레이스왑(Klay Swap)에서 스테이블 코인 이자율(출처: Klay Swap)

하지만 새로운 상품이 등장하면 투자에 대한 매력도가 나에게만 높지 않음을 유념해야 한다, 과도한 이율은 투자자 한 명에게만 해당되는 것이 아니니 그만큼 시장에서 해당 자산의 가치가 빠르게 낮아질 수 있음을 명심해야 한다. 그러므로 너무 높은 이율만을 바라보고 시장에 뛰어들지 말자.

비너스 프로토콜(Venus Protocol) 대출 플랫폼(출처: Venus Protocol)

　디파이는 쓰임과 용도가 매우 다양하다. 투자자들은 이 상품을 거래하는데 효용이 있다고 판단되면 상품에 대해 투자나 대출을 받을 수도 있고, 상품을 거래하는 사람들에게 수수료를 얻고 싶은 사람은 자금(암호화폐)을 제공하고 발생하는 이득을 얻는다. 투자하는 사람들은 본인이 얻고 싶은 암호화폐를 얻기 위해 법정 화폐로의 환전을 거치지 않고 블록체인 내에서 암호화폐로 거래하며, 본인이 자유롭게 상품의 이율을 보고 직접 투자도 하며, 본인이 정한 투자처에서 투자 대비해서 수익을 얻는다.

　디파이 시장은 해당 코인에 대해 시장 유동성을 제공하고 사용자에게 다양한 서비스(보험, 대출, 이자소득)를 제공한다. 이를 통해, 시장 참여자는 코인을 홀딩한 상태로 얻을 수 있는 혜택을 늘릴 수 있다. 2008년 금융 위기 이후에 등장한 탈중앙의 선두주자의 1세대가 비트코인이라면, 2세대의 혁명은 디파이이지 않을까 생각한다.

이제 적금을 넣을 필요도 없고 은행까지 가지 않아도 내가 가진 암호화 자산을 담보로 대출과 같은 방식으로 이율을 부담하거나 일정 시점까지는 자산의 가치를 보존해 유동자금으로 유용할 수 있다. 암호화폐에 재투자를 하거나, 다른 자산에 투자해도 좋다.

실례를 하나만 들겠다. 2021년 7월 경에 2호선 지하철에서 누가 봐도 연세가 예순은 훌쩍 넘은 분들이 대화하는 것을 언뜻 들은 적이 있다. 이더리움을 채굴하기 위해서는 지금 시세와 상관없이 거래소 대표에게 돈을 보내야 하고 해당 수수료는 이더리움 본사로 10%가 지급된다는 말을 들었을 때 머리가 띵했다. 이더리움은 채굴을 직접 진행하고 있었기 때문에 비싼 가격의 그래픽카드와 부속 장비 때문에 유지비도 상당한데, 어르신들의 대화는 그야말로 '돈 놓고 돈 먹기' 같은 뉘앙스였다.

하지만 중요한 사실이 있다. 이더리움은 PoW(채굴)에서 PoS(지분위임) 방식으로 전환을 앞두고 있으므로 소위 '디파이 거래소 대표'라는 사람은, 자주 언급되고 한 번쯤은 들어봤을법한 이더리움을 앞세워 있지도 않은 실체에 대해서 '폰지사기'를 하고 있었던 것이다.

사실 두 정거장 동안 들은 내용이지만, 이런 사기가 계속되는 이유는 사람의 근본적인 심리를 자극하기 때문이다. 나만 알고 있을 거라는 특수성, 익숙함에 속는 것이다. 마지막으로 조금만 검색해보면 비슷한 내용이 나오는 포털 사이트도 한 원인이 된다.

그분들의 투자도 한 종류이긴 하지만, 주식시장에서도 연일 상한가를 기록하는 종목이 있는 것처럼 비밀스럽지 않아도 수익을 거둘 수 있는 것은 많다.

지금까지 디파이에 대해 간단하게 설명했다. 벌써부터 기대가 되지 않는가? 가만히 넣어두면 은행이자보다 이율이 좋은 세상이 성큼 다가왔다. 하지만 항상 투자함에 있어 '원금 보장! 반드시 수익!' 이런 자극적인 것들에 현혹되지 않는 현명한 투자자가 되기를 바란다.

디파이 생태계의 구분(1-5단계)

DeFi projects

Alternative Savings	3	Analytics	25	Asset Management Tools	32
DAOs & Governance	8	Decentralized Exchanges	36	Derivatives	17
Infrastructure & Dev Tooling	26	Insurance	2	KYC & Identity	12
Lending & Borrowing	13	Margin Trading	6	Marketplaces	9
Payments	10	Prediction Markets	5	Stablecoins	16
Staking	14	Tokenization of Assets	9	Yield Aggregators	13

디파이 프로젝트 구분(2021년 10월 기준)(출처: https://defiprime.com/#defi_projects)

위 이미지는 디파이를 구성하는 요소로 다양한 프로젝트가 있음을 나타낸다. 디파이라는 명칭이 다소 생소하게 들리는 건 당연하다. 하지만 조금만 더 이해하고 파고 들어가면 남들보다 선점하여 좋은 성과를 낼 수 있다. 다양한 프로젝트가 진행되고 있음을 알리기 위해 나타낸 것으로 대표적인 프로젝트에 대한 설명을 통해 디파이를 구성하는 요소를 이해하기 바란다.

덱스(Dex) 거래(탈중앙화 환전: 스왑)

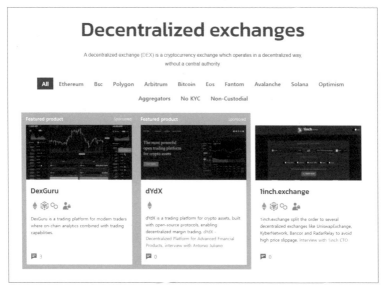

디파이 프로젝트 구분(2021년 10월 기준)(출처: https://defiprime.com/#defi_projects)

덱스(Dex: Decentrailzed Exchange)는 탈중앙화 거래소라는 의미이며, 중앙화 거래소(Cex)처럼 고객의 정보를 수집하거나 편의를 위해 지갑을 만들어주는 곳은 아니다. 물론, 중앙화가 아니다 보니 개인의 실수로 인해서 발생할 수 있는 문제를 상담할 창구가 없다는 것이 큰 차이다.

덱스 거래소에서는 거래소마다 아이디를 만들 필요가 없다. 앞서 말했듯 중앙화가 아니므로 은행 연동, 신분증 인증 등의 과정이 생략된다. 물론, 창구도 없으니 따로 아이디를 만들 필요도 없다. 그럼 무엇이 필요한가? 바로 현재까지 많은 플랫폼과 다양한 체인에서 호환이 가능한 지갑으로 메타마스크(온라인용 개인지갑)가 있다. 사실 디파이를 하기 위해서는 심리적 장벽이 있을 것이다. 디파이라는 개념도 잘 모르겠지만, 개인지갑이 필요한지 모르겠다고 생각이 드는 사람들이 대다수일 것이다. 개인지갑에 대해서는 아래 자산관리 도구를 참고하길 바란다.

덱스 거래소는 P2P 방식으로 운영되는데 암호화폐의 소유자와 교환자로 구분해서 비교해보면, 소유자는 암호화폐를 예치하여 본인이 자산을 제공함으로써 시장에 유동성을 제공하고 이를 교환하려는 사람들이 이용하는 스왑(swap)을 통해 사람들이 내는 수수료의 일부를 받는다.

교환자 입장에서는 A 암호화폐를 B 암호화폐로 전환하기 위해 이뤄지는 일에 대해서 본인이 소유하고 있는 암호화폐를 다른 화폐로 교환하면서 일정 수수료를 지출하고, 다양한 암호화폐와 투자하고 싶은 곳에 비교적 손쉽게 접근할 수 있다. 이를 통해서 참여자들은 자산을 편리하게 교환하고 이를 이용하는 사람들에게서 수수료를 얻는 방식이다. 즉 시장에 참여하는 거래의 조건이 맞으면, 중간거래자 없이 P2P로 스마트 컨트랙트를 통해 자동으로 거래가 성사된다.

덱스 거래는 계약 조건에 따라 자동으로 체결되는 시스템이며, 시장에서의 수요가 많으면 가격이 올라가고, 공급이 많으면 가격이 내려가는 수요공급법칙의 원리를 따르고 있다.

덱스 거래의 장점은 다양한 플랫폼을 이용할 수 있고, 중앙화 거래소에 상장되어 있지 않지만 유망한 코인을 살 수 있다는 점이다. 중앙화 거래소까지 오기엔 오랜 기간 검증을 거쳐야 하기도 하고 알아보고 공부해보니 유망한 코인이 내가 거래하는 중앙화 거래소까지 오기까지 시간이 오래 걸린다는 생각이 든다면 선점하는 효과를 누릴 수 있다.

자산 관리 도구(개인지갑)

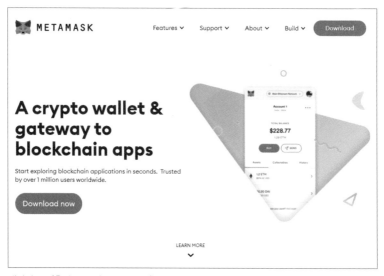

메타마스크(출처: https:/metamask.io)

암호화폐 지갑(개인지갑)은 암호화폐를 보관하고 거래 및 관리하기 위해 공개키와 개인키를 저장하는 지갑이다. 여러 플랫폼에 쉽게 접근할 수 있는 편의를 제공하며, 블록체인 트랜잭션을 통해 암호화폐를 주고받을 때 필요한 정보를 생성하고 암호화폐를 저장한다. 현재 잘 알려져 있고 다양한 체인을 지원하는 메타마스크로 예시를 들어 설명하겠다.

　메타마스크의 경우 잠금 번호가 있는 USB라고 이해하면 편하다. USB에 잠금 장치가 있다면 컴퓨터를 이동하여 사용할 때마다 암호를 입력해야 저장된 정보의 열람이 가능하고 그 암호가 맞지 않으면 로그인이 되지 않는다. 그 USB를 가지고 다니다가 만약 분실하면 해당 구매처에서 접속 시마다 백업을 하므로 24가지 또는 12가지로 구성된 단어의 배열을 입력하면 저장되어 있던 정보들을 그대로 가져올 수 있다.

　메타마스크는 온라인 상에서 쓰이고 있으며, 내가 원하는 덱스 거래소와 디파이를 하기 위해 방문하는 수많은 사이트에 별도로 가입할 필요 없이 접속해서 내가 원하는 상품을 거래할 수 있다. 편리성으로는 아주 좋은 역할을 하며, 메타마스크 외에도 수많은 개인지갑들이 있으니 본인이 잘 알아보고 구입하면 된다. 다만, 편리성으로 인한 장점만 있다고 생각할 수 있지만, 복구하려면 필요한 니모닉키

(Mnemonic key)를 본인이 잘 관리해야 한다. 되도록 손으로 써서 관리하면 해킹에 대한 위험을 줄일 수 있으니 꼭 명심하길 바란다.

암호화폐 예치(이자농사)

암호화폐에 대해 이리저리 공부를 하다 보면 본인이 공부한 분야에 대해 확신이 드는 순간이 올 것이다. 확신까진 아니더라도 저 암호화폐, 거래소 정도면 믿을만 하겠다 싶은 순간이 온다.

그렇다면 이자농사는 어떤 구조와 원리를 통해서 소득이 발생하는 것인지 알아보고 넘어가자. 우리가 기존에 화폐를 교환하는 계기는 국외로 나아갈 때 발생한다. 해외로 여행 가기 위해서는 은행에서 여행지의 화폐나 범용화폐로 교환한다. 이와 같은 과정을 통해 은행은 보유하고 있는 화폐를 제공함으로써 교환 수수료를 얻는다. 하지만 물리적인 문제가 발생할 수 있는데 '금고'에 화폐를 충분히 보유해야 한다는 것이다.

디파이에서의 파밍(farming)은 이렇게 은행에서 화폐를 교환하는 환전 서비스와의 차이에서 출발한다. 디파이 플랫폼에서 다양한 화폐를 따로 모아두는 것이 아니라 시장 참여자들의 수요에 맞게 구매할 수 있도록 공간을 제공하고, 공급한 자산에 따라 플랫폼의 토큰을 제공하거나 특정 토큰을 별도로 보상으로 제공한다. 토큰의 보유자 입장에서는 수익을 내는 계기가 되고, 교환자 입장에서는 일정 수수료만 제공하면 내가 바꾸고 싶은 토큰으로 이동하는 데 제약이 없다. 이것이 이자농사(yeild farmimg)의 핵심이다.

　비교적 BSC(바이낸스 체인)에서 TVL이 가장 큰 팬케이크스왑을 예시로 들겠다. 파밍 사이트는 이자율이 높은 곳도 좋지만, 신생 플랫폼보다는 TVL이 상위권에 있는 곳에서 투자를 하는 것이 안전하다. 비교적 신생 플랫폼에서는 플래시론(Flash loan; 아주 짧은 기간 동안 초단기 대출과 상환이 모두 일어나 가격조작을 통해 차익을 실현하는 것, Rug Pool; 가상자산 개발자의 투자자금 회수 사기의 한 유형으로 규제가 허술한 점을 노려 프로젝트에 투자된 자산을 가지고 사라지는 것) 등의 사태가 일어날 수 있으니 본인의 자산을 안전한 곳에 투자하길 바란다.

바이낸스 체인(BSC)의 팬케이크스왑

1단계는 위의 화면에서 보이듯 Cake-Bnb 풀을 보면 APR이 49.3%로 월 이자는 약 4% 정도이다. 즉 필자가 현시점에서 투자를 시작하면 월에 Cake를 현재 투자 자금 대비 4% 정도 매달 수령한다. Earn은 Cake와 Bnb를 교환하는 사람들에게서 발생하는 수수료를 통해서 Cake의 소득 부분에서 이득이 발생하는 것을 말한다.

다음은 APR과 Earn을 확인하고 투자하기 위해 Get CAKE-BNB LP를 눌러 들어가보도록 하자. 은행에서 발급받는 통장과 유사한 LP(Liquidity Pool: 유동성 풀)를 투자하고자 하는 코인의 자산가치를 1:1씩 맞춰 넣는 과정을 할 것이다.

　현재 시세를 기준으로 BNB 1개의 가치는 CAKE 24.3028개의 가치를 가진다. 즉, 1:1의 비율은 기준 자산의 가격에 따라 반대쪽의 개수가 정해지며, 이 비율에 맞게 투자하고자 하는 양을 알 수 있다. 10개의 BNB를 가지고 1:1을 맞추려면 243.028개의 CAKE를 가지고 투자를 시작해보자.

LP를 묶었다면, 저기에 해당 Enable Contract를 누르면 활성화된다. 맡겨진 LP는 별도의 과정과 절차 없이 시작된다. 본인이 맡긴 시점 이후에는 하루 종일 지속적으로 일을 하는 소득원이 생기는 것이다.

소득이 발생하지만 유념해야 할 부분은 반드시 존재한다. 예시로 CAKE-BNB의 LP로 묶인 코인의 개수는 CAKE(243.028개)-BNB(10개)인데, 상대적으로 빨리 하락하는 게 CAKE라면 그 가치를 보존하기 위해 BNB가 쓰여 CAKE의 개수는 증가하고, BNB의 개수는 하락한다. 즉, 처음 맡긴 개수만큼 보전되지 않고 가치의 급등락에 따라 개수가 변하면서 생기는 손실을 비영구적 손실(최초로 공급했을 때의 비율과 달라졌을 때 발생하는 손실)이라고 한다. LP 투자에서의 숙명과 같은 일이며, 일종의 잠재적 손실과 같은 말이다.

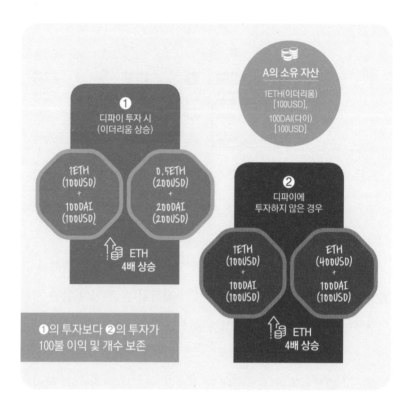

바이낸스 아카데미에서 비영구적 손실에 대해 설명한 예시를 들자면 A의 자산은 1ETH(이더리움)와 100DAI(스테이블 코인)로 당시 총 가격은 200USD이다. 유동성 공급을 위해 LP를 묶은 다음 이더리움의 시세 상승으로 가격이 400USD로 상승한다. 가격 상승 후 풀에서 인출해보니 0.5ETH와 200DAI가 되어서 400USD가 되었다. 만약,

ETH 풀에 공급하지 않고, 현물 자산으로 보유하고 있었다면 ETH는 400USD가 되고, 100DAI는 100USD가 되어 총 500USD의 가치를 가지게 된다. 즉 20%의 손실이 발생한 것을 알 수 있다. 이렇게 두 코인 간의 가격 차이가 클수록 손실률도 커진다. 이런 특성에 따라 페어로 묶은 두 코인의 방향성이 비슷한 비율로 변화하지 못한다면, 하락장에서는 손실률이 더 커지게 되며, 상승장에서는 각각 코인의 상승률을 따라 이득을 발생시키지 못하는 현상이 존재한다. 그래서 이런 비영구적 손실을 LP를 통해 발생하는 이자로 상쇄할 수 있는데, 만약 여기서 하락 폭이 커져 손실률이 급격해지면 상쇄되기 어려울 수 있다.

비영구적 손실에 대해 대처하려면 주로 다음의 두 가지를 권장한다. 첫 번째는 상관관계가 높은 암호화폐의 LP를 묶는 것으로 BTC-ETH 같은 경우 시가총액이 크고 변동성도 비슷하다. 즉, BTC가 하락하면 ETH도 하락하고 BTC가 상승하면 ETH도 상승한다. 따라서 한쪽이 크게 변하여 BTC나 ETH가 줄어드는 것을 막기 위해서는 변동성이 비슷한 코인끼리 묶는 것이 좋다.

두 번째는 스테이블 코인과 묶는 것으로 BTC와 USDT로 가정한다면, LP의 경우 BTC와 USDT를 항상 50%로 맞추는데, BTC 하락 시에는 USDT의 양이 줄어들고 BTC의 양은 늘어난다. 하락에 맞춰 추가로 USDT로 아래로 분할매수하는 물타기와 같다고 보면 된다.

이에 따라 어느 정도 가격 방어는 일어난다. 반대로 BTC의 가격이 상승하면 BTC를 팔고 USDT를 확보하게 되므로 상승분에 따른 BTC 의 개수가 줄어듦을 참고해야 한다. 스테이블 코인과 페어해야 할 이유는 동반 상승과 동반 하락에 대해서는 손해율이 더 클 수 있는 부분에 대해서 리스크를 줄이는 투자를 할 수 있기 때문이다.

디파이에도 스테이킹이 있다. 거래소는 개인의 편의성을 위해서 제공하는 서비스일 뿐 스테이킹의 본질은 시장 참여자로서 네트워 크 형성과 데이터 검증에 기여하고 보상을 얻는 것이다. 주로 지분 증명 방식에서 제공하고 있다. 하지만, 이런 저런 개념과 내용은 다 제외하고 내가 해당 코인에 대해 얻는 이율이 더 중요하다고 생각되 면 다음의 비교를 보고 결정해도 된다.

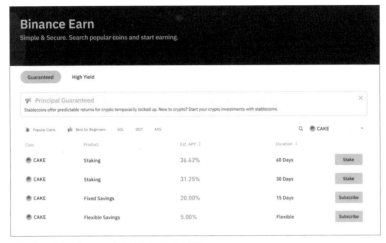

바이낸스 거래소의 CAKE 스테이킹 90일 확정 이율

팬케이크스왑의 CAKE 스테이킹 변동 이율

위 사진들은 바이낸스 거래소에서 제공하는 CAKE의 이율(APY)이다. 팬케이크스왑에서 제공하는 CAKE의 이율이다. 차이점은 무엇일까? 바이낸스에서 제공하는 90일 스테이킹은 확정 이율로 APY가 변동되지 않는다. 팬케이크스왑에서 제공하는 스테이킹은 변동성이 크다. 즉, 중앙화 플랫폼에서 약정한 이율과 사람들이 매력적이라고 느껴서 몰릴수록 내가 가져가는 이율이 적다는 것이 디파이와 다른 점이다.

즉, 백화점에서 내가 사고 싶었던 상품이 나에게만 예뻐 보이는 게 아니라, 다른 사람에게도 예뻐 보이는 상품이라면 사람들이 그만큼 몰리므로 발생하는 이득이 내가 기대한 것보다 적을 수 있다고 생각하면 된다.

디파이 스테이킹에서는 자동으로 시장의 수급량을 만들어내는 AMM(시장 메이커)이 하루 동안 풀에 분배하는 토큰의 양을 정해두고 제공하고 있으며, 해당 풀에 참여자가 많을수록 그에 대한 보상은 참여자의 비중에 따라 1/n로 배분된다. AMM이 제공하는 물량은 일정 기간 동안 분배하는 것이며, 파밍보다는 상대적으로 안정적이다.

하지만 은행에 예치한 예금처럼 '예금자 보호' 같은 제도가 없고 해킹, 러그 풀 등의 리스크가 있지만, 이런 리스크를 감당하고 투자한다면 더 높은 이율을 받을 수 있다.

수익률을 추종하지 말 것

수익률이 높으면 사람의 마음이 혹하기 마련이다. 하지만 알아야 할 것은 세상은 우리에게 그렇게 호의적이지 않다는 사실이다.

일단 해당 코인이 현재 과열 상태인지를 판단해야 한다. 이미 시장에 풀린 양이 많다든지, 잠겨 있는 물량이 언제 시장에 나오는지 알아야 한다. 급격하게 많이 풀리는 것은 결코 나에게 이득이 되지 않으며, 이런 위험이 식별되면 다른 사람들도 하루 빨리 팔고 나가면서 시세를 급격하게 훼손할 수 있다.

국외의 플랫폼이 의심스럽다면 국내에도 몇 가지 플랫폼이 존재하니 알아보는 게 좋다. 국내에서는 그라운드x에서 클레이스왑을 제공하고 있다. 국가의 플랫폼 산업으로 우뚝 성장한 카카오의 네임 벨류를 믿고 베팅하는 것도 좋다고 본다. 커뮤니티 사이트에서 APY로 1,000%, 10,000%가 종종 나타난다.

이런 경우는 구멍이 뚫려 가라앉는 배(코인의 시세) 안에서 바닥에 차오르는 물을 빼내지 않고 구멍을 만들고 있는 것과 같다고 생각한다. 디파이 시장에서는 자동화된 시장 메이커들이 자신의 고객이 유동성 풀을 이용하면 그 풀을 이용하는 사람들에게 거래 수수료를 분배한다. 이자가 높은 경우는 그 속도가 너무 빨라 내가 받는 자산의 가치가 그만큼 빨리 희석됨을 명심해야 한다.

디파이에서 발생한 범죄와 피해 액수(출처: coinness)

　중앙화에는 서비스를 관리하는 주체가 있다. 이 주체는 투자자들이 상품을 구매하는 데 있어 안정적인 환경을 만들어서 투자의 편의성을 제공해야 한다. 투자자들은 상품을 거래하면서 발생하는 수수료를 서비스의 주체에게 지불한다. 이를 이용하는 사람들은 플랫폼에서 발생하는 문제에 대해서 주체에게 문의할 수 있으며, 본인의 잘못이 아니라면 문제에 대한 책임을 물을 수 있다. 주체는 이 문제를 해결해야 할 책임이 있다. 주체는 지속적으로 투자자들에게 안정적인 서비스를 제공할 필요가 있다.

　하지만 디파이에서는 발생한 문제에 대해 대부분 사용자에게 책임을 전가한다. 본인이 직접 비밀번호를 관리하기 때문에 문제로 인해 발생하는 사건은 본인이 책임을 져야 한다. 이를 복구할 전화상담

창구도 없고, 이메일을 보내면 응답할 곳도 없다. 따라서 문제가 발생하였을 때 주체가 없으니 책임을 묻기가 어렵다.

개인지갑의 복구를 위해서는 니모닉 키를 입력하면 되지만, 만약 발생하는 큰 리스크로 인해 개인의 자산이 사라진다면 빨리 건너가려고 돌다리를 뛰어가다가 돌다리가 무너지는 일이 발생하지 않을까 조심스럽게 생각해본다.

이더리움 창시자의 디파이의 견해(출처: coinness)

우리는 중앙화 기반의 사회에서 살아왔고, 국가는 가고자 하는 방향에 맞게 움직였고 아직도 움직이고 있다. 국가가 존재하는 한 탈중앙화가 정말 이뤄질 수 있을까? 국가는 국민들을 보호할 책임이 있으므로 언젠가는 이뤄지겠지만, 제도권에서 인정하고 규제를 만드는 데까지는 오랜 시간이 걸릴 것으로 예상한다.

참고로 연간 수익을 뜻하는 APY는 1년간의 복리를 적용한 이율을 말한다. APY가 12.68%인 경우에는 월 이자는 1%로 계산되며, 월 복리를 적용하지 않으면 APR은 12%로, 1억 원을 APY로 적용하면 월 이자 100만 원에 연이자의 합은 1,268만 원이다. APY은 보통은 예금, 이자 수익을 계산할 때 주로 사용한다.

스테이킹으로 매일 이자 받기

2020년 9월은 코로나 이후의 시기로 시장이 지루하고 거래량도 적은 시기였다. 어떠한 모멘텀에 의해 시장의 분위기는 좋지 않았고, 매력도가 떨어지는 시장에서 에이다의 가격은 92원이었다. 특별한 소득원이 없는 시기를 지나고 있어서 추가적으로 구매하지 못했다. 꾸준히 가격이 상승하여 11월쯤에는 약 200원이었던 에이다는 그 즈음 시장에는 DEFI가 활성화되어 큰 수익을 거두는 사람들이 나타나기 시작했다.

이에 따라 개수를 늘리는 데 목적을 두려고 했는데 시장의 분위기를 전혀 몰라서 장기로 보고 개수를 늘리기로 마음먹고 스테이킹을 시작했다. 108,000개의 에이다를 통해 매일 발생하는 이자는 23개였고, 그 당시의 가격으로는 6,900원 정도였다. 한 달이면 20만원 정도에 해당하는 금액이었다. 하지만, 시간이 지나고 에이다가 3천 원이 되었을 땐 하루에 69,000원이 들어왔다. 한 달이면 200만 원 정도에 해당하는 금액이었다.

세상에 이자를 이렇게 주는 금융상품이 어디 있으며, 내가 가진 자산에서 매일 이자가 발생하는 것만큼 매력적인 것은 없다고 생각했다. 물론 최고점 대비의 수익률이지만, 이게 만약 1만 원이 된다면 하루에 23만 원씩 들어오는 것이다. 일을 할 필요가 있을까? 본인이 가진 자산이 물가의 상승률보다 빠르게 상승할 것으로 기대한다면 이런 투자를 하지 않을 이유가 없다.

이런 수익을 내기 위한 상품을 사는 데 초기 투자금이 얼마였을까? 1천만 원이었다. 투자하기로 마음먹었을 때 과감하게 투자하여 5천만 원을 넣었더라면 지금보다 성과가 더 좋았겠지만, 본인의 투자 역량에 따른 결심이 부족했음을 인정해야 한다. 선택은 확실하게, 후회는 짧게 하는 것이 좋다. 자산이 이렇게 상승할 줄 알았을까?

당연히 몰랐다. 유명 유튜버가 TV에 나와서 '투자는 상상력을 먹고 자란다'라는 말을 하니 아차 싶었다. 1천만 원이 3억 원이 넘었던 투자를 해본 적이 있는가? 이런 상승을 경험해본다면 본인의 투자에 있어서 확신을 가질 것이라고 생각한다. 그만큼 다른 유혹들도 많았을 것인데, 그런 시기를 잘 이겨내면 분명 좋은 투자 마인드가 생길 것이다. 필자는 추가 투자와 선물거래를 통해 오늘도 에이다에 투자하고 있다. 언제까지 투자를 지속할지는 미지수지만, 아무래도 목표가에 도달하면 그런 유망한 암호화폐를 찾아 투자하지 않을까 싶다.

《 ₿ 제 7 장 ₿ 》

억 소리 나는 비결

본 장에서는 이 책을 작성한 6명의 저자들이 공통적으
로 말하는 수익을 낸 비결과 각자의 개성이 담긴 투자
스타일을 서술했다. 앞서 다뤘던 내용들을 참고하면서
조금 더 구체적인 저자들의 비결을 살펴보면, 독자들도
자신감을 갖고 암호화폐에 투자할 수 있다고 생각한다.

❶ 알파고 매매

알파고 매매로 전문가로 거듭난
김민형 저자

이 부분에서 필자가 말하고자 하는 것은 사실 간단하다.

앞서 설명한 스토캐스틱 3파동을 설정한 후에 주봉 차트를 보자. 주봉의 3파동이 올라가는지 내려가는지만 체크하면 장기 추세 확인은 끝난 다. 올라가고 있으면 흔들리더라도 계속 가는 것 이고, 내려가고 있으면 반등하더라도 내려가는 것이다. 그렇게 쉬운 지표가 어디 있냐고? 그래 서 마법의 지표라고 부른다.

다음 페이지의 그림을 보고 간단하게 이해해보자. 2018년도, 주봉 의 3형제 파동이 내려가니 가격도 내려갔다. 2019년도, 주봉의 3형제 파동이 올라가니 가격도 올라갔다. 2020년도, 가격이 흔들리는 모습이 보였지만 주봉의 3형제 파동이 올라가니 가격도 올라갔다. 이보다 더 쉬운 차트 분석 방법이 있는가? 아마, 매일매일 확인이 어려운 직장인들은 주봉 파동을 보면서 투자하면 잔파동의 흔들림은 이겨낼 수 있고 결국 수익을 낼 수 있을 것이라 생각한다.

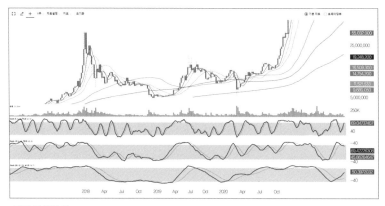

파동 분석의 예

세부적으로 보면 스토캐스틱 3파동을 설정해놓고 주봉과 일봉 차트 파동으로 추세를 확인하고, 4시간 봉의 큰형 파동으로 단기적 방향성을 확인한 후, 1시간 봉의 큰형 파동으로 매매 타이밍을 잡는 것이다.

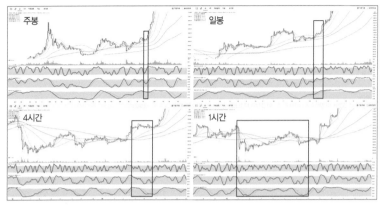

파동 분석의 예

　위의 그림에서 주봉 차트의 파동을 먼저 보자. 주봉의 3형제 파동은 상승하고 있는 모습이 확인된다. 그러면 작은 변동성이 어떻게 나오든지 가격은 상승 추세로 이해하면 된다. 이후 일봉 차트를 보고 나서도 3형제 파동이 상승하는 것으로 보인다. 그러면 상승할 확률이 매우 높다고 이해하면 된다. 그 뒤로 4시간 봉 차트와 1시간 봉 차트를 보면서 어떤 자리에서 매수 타이밍을 잡을지, 분할매수는 어디까지 하면 좋을지 선택하기만 하면 된다.

　한 번 생각해보자. 일반적인 차트를 보았을 때 지금이 상승추세인지 하락추세인지, 다음 추세는 하방으로 꺾일지 상방으로 꺾일지 알수 있을까? 일반적으로 차트 분석을 하는 사람들도 알기 어려운 부분인데 내가 초보자라면 그 부분은 알기가 더 어려울 것이다. 이때

3파동을 넣어서 시장을 바라보면 기존에 보이지 않던 시장의 흐름도 이제는 보이기 시작할 것이며, 장기적인 흐름을 잡는 것도 실수할 확률이 매우 줄어들 것이라 확신한다.

지표는 후행성이기 때문에 너무 늦는 거 아니냐고 생각할 수 있다. 그런데 개인들의 심리와 세력들의 움직임은 모두 차트에 녹아 있으며, 3파동은 그것을 아주 보기 쉽게 만들어준다. 현재 3파동을 분석하면, 이후 차트와 파동의 흐름은 더더욱 유추하기가 수월해진다. 이 3파동을 알고 모름의 차이는, 아수라장이 된 전쟁 속에서 판도를 읽을 수 있는 무기가 있느냐 없느냐의 차이라고도 말할 수 있다.

이런 것을 혼자 알지, 왜 알려주냐고 생각할 수 있다. 그게 핵심이다. 필자는 2017년도까지 찢어지게 가난했고, 한겨울이 되면 집 온도는 거의 1℃까지 내려갔으며, 집에서 난방 텐트를 펼쳐야 영상 4℃에서 잠을 잘 수 있었다. 겨울마다 인생이 혹한기였고, 찬 물로 씻을 때마다 고급 물을 쓴다면서 나 자신을 위로하기도 했다. 보이지 않는 미래와 하루하루 먹을 거 걱정하며 살면서 편

의점 아르바이트를 하면서 남는 음식들로 생활을 하고, 옷 살 돈이 없어서 계속 입던 옷만 입다보니 패션에 관심이 부족하다는 소리를 들을 때면 가슴이 찢어지게 아팠다. 컴퓨터는 10년째 그대로였고, 불어나는 빚의 이자와 불어나지 않는 내 통장 잔고는 항상 아이러니한 인생 그 자체였다.

지금 돌아보면 하나의 추억이지만, 그 당시에는 너무 힘든 나날들이었다. 경제 공부를 하고 주식 투자를 하면서 그나마 있는 돈도 잃으면서 시장에 교육비를 낸다고 생각했다. 그 뒤로 강흥보 센터장을 만나고 차트를 분석하느라 하루 평균 4시간씩 쪽잠을 자면서 수개월을 보냈다. 그리고 지금은 그래도 먹을 거, 입을 거, 추운 거 걱정 없이 살고 있다.

인생역전? 모두가 하기는 힘들 수 있다. 그러나 필자처럼 투자를 하면서 생활고에서 벗어나기 위해 노력하는 사람들이 있다면, 그러한 사람들에게 꼭 알려주고 싶었다. 노력하면 이겨낼 수 있다. 그 방법은 이러하니 포기하지 않도록 하자.

코인 투자를 처음 하는 사람이라면, 비트코인이나 메이저 알트코인들을 분석하는 것이 좋다. 남들이 투자하니까 따라서 하는 것이 아니라, 분명한 투자 근거가 있어야 하고 그 근거로 차트 분석을 하거나 미래 지향적인 부분이 무엇이 있는지 꼼꼼히 따져본 후 투자를 해야 한다.

코인 시장은 주식시장보다 더 어렵다. 24시간 거래가 진행되고, 등락 폭에 대한 별도의 제한이 없기 때문에 등락도 엄청나다. 수익이 나면 200%, 300% 이상 크게 날 수 있지만, 반대로 손실이 나면 -50%도 기본으로 날 수 있다. 그럼에도 코인 투자를 하고자 하는 사람이라면, 분명 '하이 리스크, 하이 리턴' 측면에서 매매를 시작하는 사람일 것이다. 우선 등락이 그나마 적은 비트코인이나 메이저 알트코인으로 매매를 하는 게 좋고, 월급을 받는 사람이라면 월급의 10~20%로만 투자를 시작해보는 것이 현명하다.

또한, 기술적 분석으로 매매를 하는 사람으로서 매매할 때는 원칙을 세우고 지켜야 한다고 말씀드리고 싶다. 기술적 분석을 하는 사람은 '사고 싶은' 자리에서 사는 것이 아니라 '사도 되는' 자리에서 사게 된다. 가격이 아무리 많이 떨어져도 내 기준으로 사야 할 근거가 없으면 사지 않는다. 반대로 내가 아는 패턴이 보이기 시작하면, 고민하지도 않고 바로 매매를 진행한다. 가격이 많이 떨어졌다고 해서 무조건 사는 것이 아니라, 특정 매매 근거가 확실할 경우에 매매를 진행한다.

역헤드엔 숄더 패턴만 보고 매매를 하는 사람이 있고 추세 이탈 근거만 보고 매매를 하는 사람이 있다. 본인 기준으로 확실하게 수익이 나도록 분석되는 자리에서만 매매하면 좋겠다. 제일 좋은 매매는 수익이 큰 매매가 아니라 손실이 나지 않는 매매다.

여러 번 매매하는 것보다 단 한 번 매매해서 은행 이자보다 수익률이 높게 나온다면 일단 성공했다고 보고 나 자신을 칭찬해주자(수익금이 중요한 게 아니라 수익률이 중요하다).

총 투자금액	4,760,894 원	기초평가금액 ⌐	8,223,012 원
총 투자손익	+123,781,428 원	기말평가금액 ⌐	128,542,322 원
총 투자수익률	+2,599.96%		

위 사진은 3개월 동안 매매를 통한 수익률이다. 약 2,600%다.

코인을 투자하는 사람들에게 있어서 또 중요한 것은 내가 시장을 분석할 수 있는 기술(차트 분석과 시장 분석 등)과 멘털이라고 생각한다. 어떤 방식이든 내가 투자하고자 하는 종목을 분석해서 매매할 수 있는 근거를 마련했다면 그걸로 충분하다. 10만 원이든, 100만 원이든 상관없다. 나를 믿고 내 분석을 믿고 일단 투자해보자.

본인의 매매 근거를 아는 것과 모르는 것의 차이는 굉장히 크다. 그리고 손실을 봤다면 해당 투자에 대한 손실 근거를 찾고 다시 내 분석을 보완하여 다음 투자를 진행하는 과정을 반복하다 보면 어느 새 실력이 늘어나 있을 것이다.

이 과정을 거치면서 많은 돈을 잃을 수도 있고 삶의 의욕이 사라질 수도 있다. 이 때 중요한 것이 멘털이다. 남에게 피해를 끼치지 않는 선에서 어떤 방법이든 상관없이 자신의 멘털을 다스리는 방법을 찾아야 한다. 명언을 찾거나 음악을 듣거나 자연을 감상하거나 맛있는 음식을 먹거나 잠을 자는 것을 통해 긍정적인 사고를 해야 좋은 멘털을 가질 수 있고, 좋은 성과를 낼 수 있으면 좋은 인격을 갖춘 사람이 될 수 있다고 생각한다.

필자는 마이너스가 되었던 내 계좌를 매일 보면서 그 아픔을 가슴 속에 새겨 놓았다. 그리고 다시는 그런 아픔을 겪지 않기 위해서 24시간이 모자를 정도로 공부를 시작했다. 누군가가 앱을 삭제하고 내 자산을 보지 않으면서 버틴다면, 그 반대로 행동한 것이다. 마이너스가 된 내 계좌를 매일 보면서 지금 내 주제를 알고, 내가 얼마나 한심한 투자를 했는지 뼛속 깊이 각인시켜 놓았다. 그 때문에 시장을 분석하고 매매를 할 때만큼은 '바닷가에서 거북선을 준비하고 왜적을 기다리는 이순신 장군의 마음'과 같은 마인드로 진행하고 있다.

❷ 끝장 매매

사이클을 이용하여
안전한 선물 매매를 하는
홍지윤 저자

🔍 상승/하락 사이클

1년에 한 번 큰 하락에 매수하고 큰 상승에 매도하자. 암호화폐 시장은 위아래가 열려있는 매우 극단적 시장이기 때문에 가능한 방법이다. 전고점 대비 50%를 넘는다면 그날부터 장기 분할매수를 준비하자. 암호화폐는 1년에 한 번 50% 넘는 큰 하락장이 연출된다. 50% 넘는 하락장은 차트를 보지 못해도 분할매수만 해도 수개월 뒤 큰 수익으로 바뀐다.

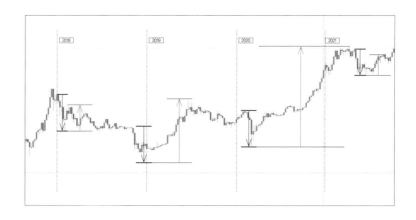

🔍 100번 싸워 99번 이기는 선물투자

필자는 초기 선물투자금 150만 원으로 수십억 원의 수익을 올렸던 경험자다. 그동안 선물투자를 진행하면서 강제청산도 많이 당하며 만들어진 필자만의 투자 방법을 공유하겠다.

선물투자는 안전하게

흔히 암호화폐 유저들 사이에서 선물의 국민 배율로 10~20배율을 많이 사용하는데 이는 정말 위험한 투자 방법이다. 내가 가진 돈이 20~30%의 작은 하락에도 사라져 버린다면 다시는 복구할 수 없지 않은가? 레전드 선물 트레이더 '워뇨띠'도 5배율 이상은 절대 하지 않는다.

따라서 필자가 생각하는 선물투자는 최대한 내가 가지고 있는 시드가 손상되지 않고 끝까지 가지고 가는 것에 초점을 맞춘다.

필자는 다음과 같은 방법으로 진행한다. 우선, 항상 총투자금의 10~20%만 선물투자를 진행한다. 총투자금이 1,000만 원일 때는 100~200만 원만 선물에 투자한다. 그리고 전고점 대비 50%가 넘는 하락이 발생했을 때부터 선물투자를 진행한다. 여러 악성 루머와 가짜 뉴스로 인해 투자 심리는 위축되고 암호화폐 공포 지수가 연일 극단적 수준일 때는 2~3배율로만 진행한다. 마지막으로 50%가 넘는 하락장은 변동성이 높은 하락장이다. 따라서 100만 원을 2배율로 매수한다면 증거금은 투자금×2(투자 배율)로 꼭 넣는다.

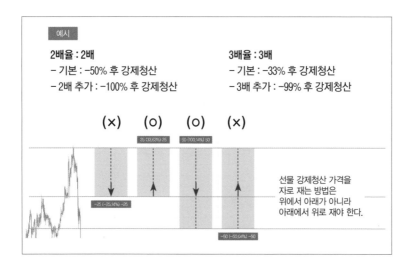

끝까지 포기하지 않고 증거금을 넣은 결과 한 달 뒤 큰 수익으로 돌아왔다.

비트코인은 튤립 버블이 아니며, 전 세계 2억 명의 인구가 참여하고 있는 투자상품이기 때문에 사기가 아니다. 따라서 주야장천 하락만 하는 것이 아니라 언젠가 반등한다.

선물 포지션이 큰 하락에 마이너스를 기록하더라도 내 계약금이 청산당하지 않는다면 언제든지 기회는 있다. 실제로 영화 〈빅쇼트〉의 주인공 마이클 버리는 2007년 서브프라임 모기지 사태가 있기 전부터 숏 포지션을 유지하고 오랜 기간을 기다린 끝에 어마어마한 수익을 창출하였다.

저배율 장기투자로 끌어가자

선물거래소마다 차이가 있지만 바이낸스 기준 평균 펀딩비는 0.01%×배율이다. 따라서 장기간 홀딩하더라도 펀딩비가 많이 나가지 않으며 저배율 선물도 충분히 큰 수익이 나올 수 있다.

필자는 저배율 선물을 진행할 때 코인 개수를 늘릴 전략으로 진행하는데, 코인의 개수가 늘어남과 동시에 필자가 가진 코인의 자산도

덩달아 같이 증가하기 때문에 수익을 극대화할 수 있다.

고배율 선물로 진행하게 되면 본인이 가지고 있는 투자금이 계속 사라질 수 있는데 공중에 날린 투자금만 모아도 큰돈으로 돌아오게 된다. 고수들도 강제청산을 자주 당하는 시장이기 때문에 이 책을 보고 있는 독자들은 이번 기회에 선물투자 전략을 수정하길 바란다.

간단한 현물 투자 방법

현물 투자는 어렵지 않다. 암호화폐는 매우 극단적인 시장이기 때문에 50% 넘는 하락이 오면 그때부터 분할매수로 차곡차곡 모으기만 한다면 3~6개월 후 큰 수익으로 돌아온다. 1년에 딱 한번 기회를 잡을 수 있는 매우 간단한 투자 방법이다. 또는 간단히 이동평균선을 알면 충분히 매수나 매도가 가능하다. 아래 그림을 보자.

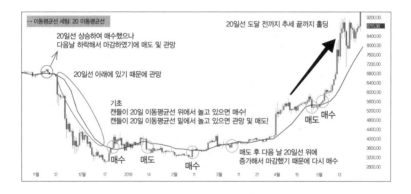

가끔씩 필자에게 돈을 잘 버는 매매 방법을 알려 달라고 많이 요청

하는데 너무 간단해서 알려주기 부끄러운 경우가 많다. 굳이 어려운 기법을 잘 배우지 않아도 충분히 돈을 벌 수 있고 초보자 분들도 보는 책인데 어려운 수식어로 차트 설명을 해야 할까 하는 의문이 든 것도 사실이다.

돈을 버는 비결은 내 자신이 가장 쉽게 잘 쓸 수 있는 차트 기법과 투자 방법만 알고 욕심 부리지 않고 투자에 임하기만 하면 끝이다. 가장 중요한 것이 욕심이다. 투자 세계에 들어왔을 때 내면의 욕심은 마치 끊을 수 없는 게임과 같은 존재다. 욕심을 버리고 투자에 임한다면 큰 수익을 낼 수 있다.

끝으로 암호화폐로 수익을 내다 보면 열심히 하던 일과 공부가 하기 싫어져 오로지 돈 복사기(암호화폐)만 믿고 살게 되어 삶이 무료해질 수 있다. 이는 정말 위험한 생각이다. 차라리 암호화폐를 금융 치료라고 생각하고 좀 더 나은 인생을 사는 연습을 해보는 것이 좋다.

나 자신이 현재 하고 있는 일을 놓게 된다면 더욱더 삶이 무료해질 수밖에 없다. 자신이 하는 일이 암호화폐를 통해 덜 스트레스 받고 남들에게 갑질을 당해도 큰소리 칠 수 있는 믿는 구석을 가졌으면 좋겠다.

필자는 암호화폐로 큰 돈을 벌고 난 이후 돈은 쥐꼬리만큼 주는데 말이 안 통하고 요구하는 것은 많은 클라이언트들에게 시달리지 않게 되었다. 내 머릿속에 게임을 한방에 이길 수 있는 치료약이 있다는 기분이 들어 매일 일하는 것이 즐겁고 자신감이 넘치게 살고 있고 매일 새로운 꿈과 목표를 만들고 구상하며 살고 있다.

　예전에 겪은 경험이 있기 때문에 이런 조언을 할 수 있다고 생각한다. 필자는 주위에 나에게 조언해 줄 사람들이 없어서 KBS의 〈무엇이든 물어보살〉에 나가서 상담을 받았는데, 서장훈 님의 마지막 한마디가 내 머리를 때리게 되었고 그 이후로 열심히 살고 있다. 여러분도 암호화폐를 통해 직업에서 조기 은퇴를 노리지 말고 암호화폐를 통해 직업을 업그레이드할 수 있는 계기를 마련하면 좋겠다.

❸ 학습 매매

기술적 분석을 토대로
스테이킹 풀을 운영하는
윤용욱 저자

필자가 암호화폐 투자에 성공할 수 있었던 내면적 요인은 다음 세 가지이다.

🔍 첫째, 하나를 하더라도 제대로 한다

무엇보다도 내가 현재 박사과정에 있는 이유일 수도 있다. 호기심이 많고 해보고 성취하고 느끼는 희열을 즐기는 성격이다. 어렸을 때부터 뭐 하나 호기심을 갖고 재미를 붙이면 적어도 끝을 보려고 하는 성격 덕에, 하나를 하더라도 제대로 하는 습관이 생겼고, 암호화폐 투자 또한 처음에는 손실을 보며 시작했지만,

성취를 느끼기 위한 갖가지 노력 끝에 수익을 볼 수 있었다.

둘째, 일단 따라하자

세상에 모든 것 하나 하나가 공부이다. 단순히 책을 보는 것만이 아니고, 우리가 일상을 살아가기 위해 필요한 모든 것에 관심을 갖는 것 자체가 공부이다. 필자가 생각하는 공부의 첫걸음은 카피이다. 카피라 하면 그냥 따라해보는 것인데, 맨 땅에 헤딩하기보다는 일단 남을 따라해보면서 감을 익힌다면 그 이후에 나만의 노하우가 생기는 것은 시간 문제라고 생각하면서 살아왔다.

이 암호화폐 투자에서 처음에는 생각없이 사고 팔았지만, 막심한 손해를 보고 나서야 공부해야겠다고 생각했고 기술적 분석을 익히기 위해 스승님의 작도법, 생각, 마인드 등 내가 따라 할 수 있는 모든 것을 처음 몇 개월 동안 따라 했다. 그리고 어떠한 다른 생각 없이 그대로 실행하였다. 그 결과로 대략 6개월만에 처음 투자금의 10배를 달성할 수 있었다.

셋째, 모르는 게 병이다

사실 기술적 분석을 통해 365일 24시간 열려 있는 이 암호화폐 시장을 대하는 것은 매우 피곤한 일이다. 실제로 기술적 분석을 배우는 처음 몇 달 동안은 하루에 3시간 이상을 거의 자지 않았고, 몸도 많이 상하는 것을 느꼈다. 그리고 어느 정도 내 자금이 생겼기 때문에 이를 지키면서 조금 더 편하게 또는 정기적으로 수익을 내는 방법을 생각하고 있었다.

이미 장기 투자 비중은 스테이킹을 통해 보상을 받으며 조금씩 불려가고 있었는데, 어떠한 기회로 내가 직접 스테이킹 풀을 운영할 수 있는 인사이트를 얻게 되었다. 그렇게 스테이킹 풀을 운영하면서 이제는 스테이킹 보상도 얻고, 다른 사람들로부터 위임 및 관리 수수료를 받으며 수익을 내고 있다. 이 또한 위의 첫째, 둘째를 통해 이뤄낸 것이고, 해봐야지 하는 어떤 도전 정신에 의해 할 수 있었던 것이 아닌가 싶다.

'모르는 게 약이다'라는 말이 있는데, 일단 이 세계에 들어왔으면 '모르는 게 병'이 된다. 인터넷과 스마트폰이 우리 생활에 들어온 지 10년이 넘었고 소셜미디어가 활성화되면서 이제는 남들로부터 배우는 시대가 아닌 내가 찾아가며 배우는 시대라고 생각한다. 쉽게 돈을 벌겠다는 생각이 점점 더 건방진 생각이 되는 것 같다. 하지만 이 세계에 들어온 이상, 하나라도 더 알아가면서 수익을 가져갈 수 있었으면 좋겠다.

🔍 모든 것의 기본은 기술적 분석이다

아마 대부분의 투자자들이 차트라는 그림을 보고 '올라가고 있다', '내려가고 있다', '너무 올라있다', '너무 내려갔다' 정도의 수박 겉핥기 식으로 해석할 것이다. 하지만 이 차트 속에는 상당히 많은 것들이 내포되어 있다.

우리는 수익을 보기 위해서는 확률을 높여야 한다. 올라갈 확률이 높은지, 내려갈 확률이 높은지. 이 책 대부분의 저자들이 말하는 스토캐스틱 파동만 이용하더라도 50% 이상의 확률을 갖고 매매를 시작할 수 있다. 필자는 스토캐스틱과 박스 패턴을 주로 이용하였다. 하지만 스토케스틱과 박스패턴으로 시장의 추이를 파악하여 매매하는 것으로는 부족한데 정말 이 확률 속에서도 잃지 않는 매매를 가능케 해주는 것은 분할매수이다.

분할매수는 현재가에서 −20% 범위까지 매수를 걸어두는 방법을 추천한다. 모든 수익은 물리고 시작하는 것이다. 매매와 동시에 수익이 날 것이라는 착각은 집어 던지고, 얼마나 물리고 시작하냐에 따라 수익이 달라지는 것이다. 스토캐스틱 파동과 박스 패턴은 이 책의 4장 김민형 저자의 패턴 분석 방법을 참고하면 좋을 것 같다.

지표와 패턴으로 확률을 높이고 분할매수로 매매에 접근하면 평소에 20~30% 마이너스를 보게 될 것을 5~10%로 크게 줄일 수 있다. 필자는 '스토캐스틱 파동', '박스 패턴' 그리고 '분할매수' 이 세 가지로 코인 자산 가치 1억 원의 고지에 도달할 수 있었다.

기술적 분석 3개월 차의 계좌

🔍 가슴 아픈 이야기

승률이 너무 높다 보니 자만하게 되었고, 선물 시장에 뛰어들어 2억 원, 3억 원이라는 금액도 쉽게 볼 수 있었다. 하지만, 자만과 욕심은 결국 실패의 지름길이다. 결국, 2억 원과 3억 원이라는 금액은 다시 원래대로 쪼그라들었다. 그래서 지금은 현물 거래만 하고 있으며, 부가적으로 암호화폐의 세계관을 넓혀 스테이킹 풀을 운영하며 매우 안정적으로 자산을 높이고 있다.

필자는 애초에 트레이딩과 스테이킹 이렇게 두 가지로 투자를 했다. 투자금의 일부는 전혀 매매를 하지 않고 스테이킹을 했으며, 일부는 시총 상위 종목 위주로 트레이딩을 하였다.

🔍 스테이킹에서 시작된 더 넓은 세계

스테이킹의 원초적인 목적은 블록체인 네트워크가 운영되기 위함이다. 이 말은 스테이킹이 이뤄지지 않으면 그 코인은 블록체인 네트워크가 원활히 운영되지 않기 때문에 없어질 가능성 또한 높음을 의미한다. 하지만 대부분의 코인은 세상에 나오기 전에 테스트넷 등을 거쳐 블록체인 네트워크가 정상적으로 동작할 최소한의 시스템을 구축해두기 때문에 걱정하지 않아도 된다. 거래소를 통한 스테이킹도 스테이킹의 일종이긴 하지만, 결국 내 자산을 중앙 시스템에 맡기는 것과 마찬가지다. 코인은 탈중앙화를 목적으로 하는 만큼, 중앙 시스템을 거치지 않을 때 더 넓은 생태계를 맛볼 수 있다.

개인지갑에 있는 자산을 위임하고 지갑에 있는 자산을 갖고 다양한 생태계에 참여할 수 있다. 예를 들어 최근 화제가 되는 NFT(NON FUNGIBLE TOKEN)은 거래소에 갖고 있는 자산으로는 구매할 수 없다. 어떤 코인의 생태계에서 발행하는 NFT를 구매하기 위해서는 그 코인의 네트워크에서 거래를 기록해야 되기 때문에 개인지갑을 통해서만 구매가 가능하다.

최근에는 NFT를 구매하고 팔기만 해도 몇 배의 수익을 얻을 수 있어서 많은 투자자들이 적극적으로 달려들고 있다. 따라서, 개인지갑을 통해 스테이킹을 하고 생태계에 참여하면 스테이킹으로 인한 보상도 받을 수 있고, 생태계에 참여하면서 발생한 수익도 얻을 수 있기 때문에, 일석이조의 효과를 볼 수 있다. 또한, 거래소에 직접적인 자금이 없기 때문에 충동적인 매매 또한 방지할 수 있다.

스테이킹을 하면서 암호화폐의 세상을 좀 더 넓게 볼 수 있었고, 스테이킹 운영자의 추천을 통해 직접 '미나 프로토콜'이라는 코인의 스테이킹 풀을 운영하게 되었다. 스테이킹 풀과 관련한 내용은 6장에서 이미 설명하였다. 풀을 운영하기 위해 필요한 요소는 딱 두 가지이다.

– 서버 운영에 대한 기본적인 지식
– 위임자, 위임량

서버 운영을 하기 위해서는 당연히 서버 운영에 대한 기본적인 지식과 노하우가 있어야 한다. 필자는 다행히 현업에서 비슷한 경험을 했었기 때문에 어렵지 않았다. 개인 PC를 사용할 수도 있지만, 대부분의 스테이킹 풀 서버는 서버 업체로부터 대여하여 사용한다. 구글, 아마존부터 시작하여 정말 많은 업체가 있는데, 가격도 천차만별이다.

스테이킹 풀을 운영하려면 운영 코인의 최소 사양을 확인하고 이에 맞는 서버를 운영해야 한다. 처음 4개월은 자비로 비용을 부담하였다. 서버를 운영하기 시작하면 24시간 동안 서버가 문제가 없는지 지속적으로 확인해야 했다.

두 번째로 위임자와 위임량이다. 이는 사실 스테이킹 풀 운영에 있어서 가장 중요한 요소이다. 위임자, 위임량이 없으면 보상을 얻을 수도 없을뿐더러, 서버비만 나가면서 수익을 볼 수가 없다. 만약 본인이 막대한 자금이 있다면 혼자서도 시작할 수는 있다. 하지만 보통 스테이킹 풀이 정상적으로 돌아가기 위해서는 수억의 위임량이 필요하기 때문에, 부담이 되지 않을 수가 없다. 스테이킹 풀을 운영하려는 코인의 보상을 얻기 위한 최소 위임량을 파악하여, 최소 위임량을 모집하기 위한 노력이 필요하다.

필자는 위임자 및 위임량을 모집하기 위해, 해당 코인과 관련한 카페, 블로그, 홈페이지 등을 개설하여 커뮤니티를 만들었다. 처음으로 한국 공식 텔레그램 방에 홍보를 했다가 '얼굴도 모르는 놈에게 어떻게 믿고 맡기냐'라는 비난을 받았지만, 지속적으로 해당 코인과 관련한 뉴스 및 정보들을 번역하여 전달하면서 회원 수를 늘려왔고, 4개월간의 노력 끝에 지금은 필자가 운영하는 풀에 꽤 많은 위임량(약 50억 원)이 위임되어 있다.

위임자를 모집하는 것은 결코 쉽지 않았지만, 노력에 대한 대가는 확실히 있다고 생각했다. 4개월 동안 70개 이상의 글을 쓰고, 오픈톡

방을 통해 위임자들의 질문에 하나하나 답했더니, 지금은 카페 회원도 200명을 넘어섰고, 위임자도 100명을 넘어섰다. 결국, 대기업 부럽지 않은 금액의 보상을 받으면서 운영하고 있다.

이처럼, 암호화폐 시장에서는 돈을 상당히 다양하게 벌 수 있다. 현재는 NFT를 비롯해, 디파이 등 정말 다양한 세계가 펼쳐져 있는데, 조금만 관심을 갖고 찾아본다면 트레이딩이 아니고도 수익을 올릴 수 있는 곳이 있다.

하지만 이런 세계를 넓혀 가기 전에 기술적 분석부터 공부하길 권장한다. 이 암호화폐 시장은 언제 끝날지 모르고 어떻게 될지 아무도 모른다. 하지만 기술적 분석을 공부해두면 어디든 적용이 가능하며, 적어도 남들보다 안전하고 확률을 높이며 투자가 가능하다.

무엇보다 중요한 것은 욕심을 버리는 것이라 생각한다. 필자도 다시는 잃지 않겠다며 공부를 시작하여 큰 수익을 얻을 수 있었지만, 한순간의 욕심으로 그 큰 수익이 다시 쪼그라지는 것을 경험하였다. 앞의 암호화폐 5계명에서도 언급했지만, 가늘고 길게 가는 것이 굵고 길게 가는 것이라고 하는 것처럼, 욕심만 덜어낸다면 큰 성과를 얻을 수 있다고 생각한다. 저자들의 경험과 투자 방법을 참고해서 본인만의 암호화폐 투자 전략을 세워 천천히 나아간다면 분명 좋은 결과가 있을 것이다.

❹ 마컨 매매

시장에서 지지 않는
마인드 컨트롤과 철칙을 지닌
최완순 저자

> "나는 내가 부자가 될 것이라는 것을
> 알았다. 한순간도 의심하지 않았다."
>
> – 워렌 버핏

위 명언처럼 어쩌면 투자 시장에서 제일 중요한 것은 '멘털 관리'이다. 시장은 그야말로 전쟁터이다. 그 안에서 전투하는 것도 벅찬데, 궁지에 몰려 어느 한 종목에 물려 존버를 해야 한다면 그 안에서 심하게 절망하며 기회비용과 시간을 힘겹게 날려보낼 때가 많다. 그 시간을 좀 더 현명하게 보낼 수 있는 것 또한 중요한 부분이다.

어쩌면 기술적 분석보다 더 중요한 것이 마인드 관리이다. 시장이 좋을 때나 피치못할 악재로 인한 하락에는 항상 멘털이 흔들릴 때가 많다. 시장이 급락하면 패턴을 만들어야 하는 시간(기간)이 필요한데, 그 기간 동안 어떠한 자세로 견뎌야 하는지와 마냥 넋놓고 있는 것보다 그런 시간을 맞이하게 된다면 어떠한 자세로 이겨내는지가 중요하다.

변동 폭이 큰 코인 시장에서 황금기 동안 멘털 관리가 중요하다. 결론적으로 투자를 시작했다면 어떠한 포지션일지라도 냉정한 멘털 관리는 필수적이다. 아마 초보 투자자들은 하락기에 들어서면 굉장히 숨이 막힐 듯한 힘든 시기를 맞이하는 경우가 분명 있을 것이다. 필자도 투자경력 10년이 넘었지만, 아직도 마음을 다스리며 투자를 하고 있다. 투자 시 멘털관리는 기본 옵션인 것이다. 본인이 힘든 장을 맞이하였을 때 멘털을 관리하는 몇 가지 팁을 말하고자 한다.

운동하는 습관을 들이자

필자는 시장이 안 좋고 심리가 불안정할 때 항상 산에 오른다. 산을 다니며 자연과 함께 어우러져 머리를 식히면 많은 도움이 된다. 기계적인 내 자신을 좀 더 맑게 하고, 초심으로 돌아가는 느낌을 받는다. 또한, 정상에 올라 머나먼 전경을 바라보면 내 자신의 열정과 불안한 심리를 건강하게 다듬어주는 고요한 시간이 된다.

🔍 여행을 떠나자

필자는 하락기 때 계좌가 멈춘 상황이라면 오히려 '휴가'가 주어졌다고 생각한다. '그래 너무 힘겹게 투자했는데 좀 쉬자'란 마인드로 그 시간을 과감히 맞이한다. 쉼은 또 하나의 원동력이 될 수 있다.

🔍 취미 생활을 하자

게임도 좋고, 스포츠를 배워보는 것 또한 좋다. 본인이 좋아하는 것을 하자. 솔직하게 존버를 할 때는 더 바쁘게 지내는 것이 좋다. 시간을 혼자 보내는 것보다는, 사람들과 어울려 소통하는 시간을 많이 가진다면 더욱더 편하게 멘털을 관리할 수 있다. 개인적으로 필자는 스타크래프트 게임을 좋아한다. 멘털이 많이 흔들리는 시간은 매매를 잠시 멈추고 게임을 즐겨하는 편이다. 잠시 시장에 대한 것은 잊게 되고, 해소하는 시간을 가져서 좋다.

🔍 본업에 충실하자

코인 시장은 365일 쉼없이 돌아간다. 그만큼 변동 폭이 크게 발생하는 시장이다. 그 시간동안 힘이 빠진 상태로 시간을 보낸다면 앞으로의 시장을 더 나아갈 수가 없다. 마냥 마이너스가 된 계좌를 보고만 있다면 모든 의욕이 사라지기 마련이다. 그것이 가장 안 좋은 습관이다. 그럴 때일수록 투자를 잠시 접어두고 본업에 충실히 한다면 시간을 더 알차게 보낼 수 있다. 투자시장에서 힘들다고 본인의 주변에 있는 중요한 것을 놓친다면 그 손실은 더 클 수 있다. 본업에 열심히 임하며 기회비용을 더 만드는 것으로 계기를 삼는 것도 좋다.

🔍 희망 회로로 마음을 다스리자

어느 누가 비트코인이 8천만 원(2021년 10월 기준)에 육박할거라 예측했을까? 내가 투자한 종목에 원하는 목표치 금액으로 계산기를 두드려본다. 예를 들어 비트코인 1.5개를 가지고 있다면, 내가 원하는 현실적 목표치 금액을 곱하기 하여 불어난 계좌를 생각하며 위안을 삼는 것이다. 본인의 계좌가 현재 마이너스일지라도, 매도를 안 했다면 그건 투자시장에서 끝난 것이 아니다.

🔍 투자와 생활을 분리하라

어느 한 종목에 물려 있는 상황이라 힘겨운 시간을 지내야 하는 버티기 상황이 되었다. 여기서 존버는 두 가지 형태로 나뉠 수 있다. 첫 번째로 본인의 여유로운 자금으로 투자하여 존버를 외치는 투자자와 두 번째는 없는 돈, 있는 돈 전부다 끌어모은 금액으로 투자하여 존버를 외치는 투자자다. 포지션이 다른 두 명의 투자자다. 당연히

두 번째 투자자는 장기간 존버를 할 수가 없다. 많은 금액을 투자하더라도, 본인의 최소 생활비 3개월 이상의 금액은 전략적으로 남겨둬야 한다. 그래야 존버를 할 수 있다.

없는 돈, 있는 돈을 전부 모아 쏟아 부은 투자자는 본인의 생활비가 필요할 때 물려 있는 코인을 조금씩 팔아 생활비로 쓰는 경우도 많을 것이다. 절대적으로 본인 생활에 투자금액이 피해가 가면 안 된다. 항상 생활비를 계산하여 3개월치 이상 남겨둬야 한다. 그래야 기간 조정 동안 내가 투자한 금액의 손실을 줄일 수 있고, 멘털 또한 편하게 시장을 쫓아갈 수가 있다.

사실 인터넷을 검색하면 많은 기법과 보조자료를 활용하는 소스가 오픈되어 있음을 확인할 수 있다. 하지만, 성공한 투자자들의 큰 수익을 내는 비결은 그 어디에서도 찾아볼 수가 없을 것이다. 사실 본인만의 투자법을 오픈하기가 마냥 달갑지는 않을 것이다. 그동안의 많은 실패와 좌절을 맛보면서 일궈낸 소중한 투자법이기 때문이다. 투자는 옵션이다. 무조건 기술적 분석 지표는 이해해야 한다. 하지만 필자는 큰 수익을 낼 수 있었던 간단하고도 어려운 방식을 솔직하게 기재하려 한다.

🔍 첫걸음부터 욕심을 내지 말라

처음부터 수익을 낼 확률은 0.00001%라 해도 과언이 아닐 것이다. 처음 주식이나 코인투자 시장에 아무것도 모르고 덤비는 사람들이 많을 것이다. 그건 욕심이다. 무조건 투자하면 수익이 난다는 개념은 일찌감치 머릿속에서 지워야 한다. 그것은 오히려 독이 되는 지름길이다.

🔍 본인의 수준을 인정하라

본인의 투자 내공이 전혀 없는 무지한 상태에서 큰 수익을 냈다면 그것은 본인의 진정한 수익금이 아니다. 그 수익금은 다시 마이너스가 될 확률이 높다. 본인의 투자 수준을 파악하고, 천천히 내공을 쌓는 데 노력해야 한다. 많은 전문 트레이더들은 한순간에 차트를 분석하는 내공이 쌓인 것이 아니다. 무수한 실전 트레이닝으로 데이터와 내공이 쌓인 것이다. 보조지표와 차트에 대해 이해를 높이려면 공부를 해야 한다. 필수가 아닌 '무조건'이다.

🔍 시간을 나의 편으로 만들자

단기간에 수익을 본 계좌는 며칠이 안 되어서 마이너스 계좌가 될 확률이 높다. 코인 시장은 주식시장과 달리 365일 오픈되어 있다. 그만큼 등락폭도 빠르게 변경되며 흐름도 빠르다. 큰 수익을 내는 건 단기 투자 포지션보단 장기 투자가 더 옳다. 단기 트레이딩으로 하루 3%씩 수익을 낼 수 있는 능력이 있다면 추천하지만, 그렇지 못한 투자자들이 대부분이다. 그러한 방식으로 투자한다면 오히려 엇박자가 나서 계좌가 불어나지 못할 것이다. 차라리 묵묵한 투자로 가는 것이 오히려 더 큰 수익을 낼 수 있을 것이다.

🔍 매수는 파란불, 매도는 빨간불

코인 시장은 상한가나 하한가가 지정된 것이 없다. 브레이크가 없는 시장이라 해도 과언이 아닐 것이다. 욕심이 화를 일으켜, 어떠한 종목이 30% 이상 급등할 때 휩쓸리는 경우가 있다. 그런 종목은 다시 시가로 돌아가는 경우가 많다. 진입도 중요하다. 차라리 그런 급등 종목은 애초부터 관심을 갖지 말고, 다른 종목을 발굴하는 것이 오히려 더 낫다. 또한, 눌림목이나 조정구간에 매수하는 타이밍을 노리는 것도 한 방법이다.

🔍 투자는 과감해야 한다

코인 시장은 등락폭이 크다. 어떠한 이슈로 인하여, 시장이 급격하게 하락하여 가격의 하락이 크게 나타날 때가 있다. 실제로 코로나로 인해 경기가 침체되었을 때와 일론 머스크가 공포감을 주는 발언을 했을 때 장의 하한폭이 컸다. 이렇게 이슈로 인해 시장의 공포감이 가득할 때는 과감하게 진입한다. 이 방법은 어느 정도 본인의 수준이 높아졌을 때 하는 것이 좋다.

❺ 농부 매매

현명한 종목 선택으로
끝까지 끌고 가는
정지훈 저자

우선은 많은 분들이 궁금해할 종목 선정의 기준을 설명하겠다.

확신을 갖고 투자하여 장기간 홀드를 했던 에이다에 대해 이야기하고자 한다. 종목의 선정 기준은 비트코인은 암호화폐를 비추는 태양과 같다면 이더리움은 대지를 품고 있는 가이아와 같다고 비유할 수 있다.

비트코인은 자산의 상징이며 사토시의 정체가 밝혀지지 않은 상태이므로 본인이 사토시라고 주장하는 사람들에 의해서 하드포크된 비트 형제들이 많다. 이것은 일단 고려 대상에서 열외하기로 했다. 근본적인 개발의 진척이나 내가 확인할 수 없는 경우가 많은 것 같아서 목록에서 제외했다. 그럼 이더리움은 대지의 역할을 수행하며, 수많은 암호화폐들이 이를 기반으로 생성되고 거래되고 있음을 알았다.

현재 이더리움은 PoW 방식에서 PoS 방식으로 바뀌어 가고 있다. 그럼 이더리움이 탄생한 이후부터 지금까지 채굴 비용이나 가격이 저렴한 시점에 사서 가지고 있는 사람들이 이익 실현을 위해 쏟아내는 물량에 의해서 시장가가 낮아지는 것을 방지할 수 있는 대체재가 무엇인지 고려했다. 거기서 다소 고려 대상이 명료해졌다. 시장을 선도하는 메이저 중에서 본인이 판단하기에 괜찮은 시장 방향성을 가지는 것으로 판단하기로 했다. 앞서 말한 비트나 이더리움이 나쁘다는 게 아니다. 본인이 진입하기엔 투자 대비 성과가 낮을 거라고 생각했다.

그렇게 확인하던 중 메이저의 로드맵을 확인해보았다. 최종 목표에 따른 시세 상승 부분에 초점을 두었다. 그러던 중 이더리움 개발진에서 나와서 다른 노선을 걷고 있는 에이다를 유심히 들여다보았다. 로드맵상 개발 진행 척도가 점진적으로 계획했던 대로 움직이고 있었고, 이더리움의 장점과 부족한 부분을 채우기 위해 도전하는 에이다가 좋아 보였다.

이때부터 에이다와 관련된 과거 개발진의 개발 진척도와 최종 목표에 대해서 이리저리 알아보았다. 다소 어려운 부분이 많았지만, PoW에서 PoS로 진행되는 이더리움에 맞게 PoS 방식을 미리 선점하고 시장의 유통성이 적은 PoS가 무엇인지 찾아보았다. 네트워크에 참여자로서 보상이 나오는 코인으로 적합하다는 생각이 들었다.

이 앞의 것들은 본인이 부족한 정보를 습득하는 과정에서 발견한 포인트에 의해 투자를 시작한 계기일 뿐 다소 다른 정보가 있을 수 있다. 그렇다면 지금부터 존버를 하면서 깨달은 나름의 노하우와 마음 다스리는 방법을 설명하겠다.

🔍 언제 농사를 지을까?

보통 장기 투자에 있어 고려해야 할 것은 소문난 잔치에 먹을 게 없는 경우가 많다는 점이다. 보통은 직전 기대감이 상승하여 시세가 많이 분출된 다음 급락하는 경우가 많으니 주의하기 바란다. 긴 호흡에서 봤을 때 내가 잘 아는 분야라서 공부하다 보니 확신이 드는 암호화폐라면 안 할 이유가 없다. 차이는 시기상의 문제고 본인의 마음가짐의 문제겠지만, 보통은 시세가 오르고 있을 때에는 차분히 마음을 가라앉히고 목표가에 사길 기다리거나, 꾸준히 적립식 매수를 하는 것도 좋다.

가치 투자는 꿈을 먹고 살아간다고 했다. 시세가 급등하고 뉴스가 쏟아질 때는 이미 늦었고, 본인이 투자를 하기로 하였으나 망설였다거나 시기를 좀 주저하고 있었다는 것을 본인이 인정하고 다음 기회나 다른 매수 종목을 알아보는 것이 소중한 내 돈을 아낄 수 있는 것이라고 생각한다.

실제로, 친구나 지인 그리고 회사 동료 등을 통해 투자를 시작하는 경우가 많다. 연일 상한가를 기록한다고 나오는 뉴스를 따라 사거나, 지인이 1천만 원으로 ○○ 주식을 샀더니 두 배가 되었다고 하면 나도 얼른 그 종목을 사야지 싶어서 넣었다가 최고점에서 손절도 못 하고 쩔쩔매는 경우를 더러 보았다.

증권가 찌라시방 주식이든 암호화폐든 종목 추천방 치고 오래 가는 방을 못 봤다. 얼굴도 못 본 사람들에게 무엇을 믿고 돈을 보내며, 양질의 정보인지에 대한 구별도 없이 아까운 돈을 낭비하진 않는지 잘 생각해보자.

🔍 농사는 적어도 1년

투자는 상대적으로 노동보다 쉽게 돈을 벌어준다는 인식이 있다. 하지만, 그런 인식이 있음에도 장기간 한 종목을 우직하게 가지고 있거나, 꾸준히 정기적으로 사는 사람은 드물다. 그렇게 가지고만 있어도 확률상 좋은 기회가 많이 오는 편이다.

우리 단군신화에는 곰과 호랑이가 동굴에서 100일 동안 쑥과 마늘만 먹음으로써 인간이 되는 이야기가 나온다. 사람이 되길 간절히 원해서 햇볕도 보지 않고 곰과 호랑이는 동굴에서 시간을 보낸다. 요행이라도 부릴 수 있으면 좋을 텐데, 결국 호랑이는 뛰쳐나갔고 곰은 인내하여 사람으로 변해 웅녀와 혼인하여 단군을 낳았다.

우리의 고전 설화도 동물이 사람이 되기를 희망하며 인내하여 성과를 달성한 기간이 100일이다. 적어도 투자를 마음 먹었다면 아침과 저녁의 마음, 일주일과 한 달의 마음이 달라질 때 어떠한 성과가 이뤄질까? 우리 인간은 영장류의 최상위 계층으로 지구에서 군림하고 있다.

즉, 곰과 호랑이와 같이 큰 결심을 하지 않아도, 쑥과 마늘을 먹지도 않아도 인간이며, 마음먹은 대로 되는 가능성이 많은 존재라고 생각한다. 지금 이 책을 읽는 여러분도 할 수 있다. 누울 자리만 잘 보고 눕는다면 일년에 한두 번 오는 기회를 통해 남들보다 조금이라도 더 나은 성과를 얻을 수 있다.

투자를 마음 먹었다면, 크게 흔들리지 말고 한 번 나아가보는 게 좋겠다. 주식의 경우엔 분기별 배당금이 나오지만, 암호화폐에서는 맡긴 개수에 비례하여 매일 이자가 지급된다. 필자는 매일 스테이킹이 나오면 그걸 다시 예치할 때 참 기분이 좋다.

🔍 농사는 우직하고 꾸준하게!

종종 본인도 느끼는 것이지만, 화면에 보이는 투자금에 대한 현실 감각이 사라지고 그냥 숫자로 보이는 경우가 있다. 게임머니라고 생각이 드는 경우도 있었는데 실제 돈을 보고 만지지 않는 요즘에는 더 공감이 되지 않을까 싶다. 돈을 앞에 두고서 만져지지 않고 앞에 두고 보지 않는다고 해서 삶에 있어서 필수적인 요소가 아닌데 수시로 손절하며 돈을 버리는 경우가 필자도 많았다.

오르면 팔지 못하고, 내리면 손절을 몇 번 하다가 보면, 그냥 돈이 삭제되는 경우가 많았다. 가만히 앉아서 한 분기에 대해서 계좌 분석을 보면, 그렇게 마음을 졸이고 종종거리면서 호가창을 들여다봤는데 수익이 나지 않은 경우도 있었다. 그럼 1분기를 3개월이라 가정한다면, 3개월 동안 매일 한 시간씩 들여다보고 하루의 컨디션에도 영향을 끼쳤다면? 뭐가 남을까 생각해보자. 끔찍하지 않은가?

그렇다면 확실한 대안을 제시하겠다. 정말 투자하고자 하는 분야에 좀 더 심층적으로 공부해서 본인이 확신을 가져야 한다. 아직도 주변 사람에게 비트코인에 투자한다고 말했을 때 "에, 도박하네" 이렇게 반응한다면, 아직도 기회는 무궁무진하다고 생각되지 않는가?

모두가 확신을 가지기 전에 내가 먼저 공부를 해서 그 사람들이 쫓아오는 것을 구경하면 된다. 또한, 본인도 확신이 들어야 팔지 않고 성과를 얻을 때까지 가지고 있을 수 있다. 가지고만 있어도 매일 이

자를 주는 스테이킹을 활용하면 더 좋다. 정말 내 피 같은 돈을 잃지
않는 투자를 하였으면 좋겠다.

매수금액		2,164,294 원
매수평균가	✎ 수정하기	213.9125 원
수익률		+2330%
평가손익		50,437,440 원

오르빗체인 장기 투자 결과

이더리움 장기 투자 결과

❻ 멘토 멘티 매매

실력이 뛰어난 멘토를
100% 믿고 따르는
류경문 저자

필자의 노하우를 말하기에 앞서 암호화폐의 첫 경험을 이야기하겠다.

지인이 큰돈을 벌었다는 말에 무언가에 홀린 듯 무작정 돈을 들고 암호화폐 시장으로 들어오게 됐다. 아무것도 모르는 채 지인이 추천하는 코인을 샀고 그때부터 악몽이 시작되었다. 그때가 2017년 12월이었고 처음에는 단 며칠 만에 엄청난 수익이 났다.

하지만 그 수익은 잠깐의 행복이었고 단 한 달만에 -60%의 손실을 보게 됐다. 그 이후로 손실을 복구하기 위해서 잠도 안 자고 미친 듯이 공부하며 매매했지만, 복구는커녕 손실은 더욱 커져 갔다. 그래서 필자는 매매를 포기하고 그 손실을 복구하기 위해서 필승 전략을 세웠다.

🔍 첫 번째 전략: 나 자신을 알라(주제 파악)

필자는 미친 듯이 공부해도 안 되는 게 있다는 것을 알게 됐다. 그게 차트 공부였다. 6개월간의 매매에서 실패를 경험하였고 나는 과감하게 인정하고 다른 방법을 찾게 됐다. 포기가 쉽게 안 된다면 다음의 간단한 테스트를 해보자.

1. 내가 사면 고점이고 내가 팔면 저점이다. (yes or no)
2. 손절이 무섭다. 또는 손절 따윈 없다. (yes or no)
3. 공부를 해도 변화가 없다. (yes or no)

냉정하게 판단하자. 안 된다면 포기하고 다른 방법을 찾는 것도 좋은 전략이다. 참고로 필자는 이전에는 위의 예시에 모두 해당되었고, '사면 내려가는' 어떤 유튜버처럼 고점 판독기였다.

🔍 두 번째 전략: 실력이 뛰어난 멘토를 찾자

필자는 매매에 재능이 없다고 판단했기 때문에 나를 대신할 멘토를 찾아보자고 생각했다. 유튜브, 네이버 카페, 포털 사이트를 최대한 검색해서 한 멘토를 찾았고 그 멘토님의 실력을 확인하기 위해서 5~6개월 동안을 지켜봤다. 승률과 수익률의 데이터를 기반으로 멘토님의 실력을 확인한 후 손실을 복구하기 위해서 멘토님의 리딩에 따라 매매를 시작했다.

🔍 세 번째 전략: 멘토의 리딩을 완벽히 따라한다

자신의 실력은 누구보다도 본인이 더 잘 알 것이다. 그렇기 때문에 본인의 생각을 전부 버리고 멘토의 리딩을 완벽히 따라 해야 한다. 우리는 매일 차트를 한두 시간 정도 보겠지만, 멘토들은 매일 20시간 이상 수년간 분석했을 것인데 우리보다 더 뛰어난 건 사실이라고 생각했다. 이것이 가장 중요한 포인트이다.

예를 들면 멘토가 사라고 한 가격이 오거나 기계처럼 사고팔라고 한 가격이 오면 기계처럼 팔아야 하고 리딩에 실패하여 손절을 해야 하는 경우에도 멘토를 믿고 칼같이 해야 한다. 그렇게 따라가다 보면 수익은 자연스럽게 따라올 것이다. 몇 번의 손실이 생겼다고 해서 멘토를 의심하지 마라. 여러분은 5~6개월 동안 멘토의 승률과 수익률이라는 데이터를 확인했다는 사실을 잊어서는 안 된다.

🔍 네 번째 전략: 매수와 매도는 철저히 분할로 진행한다

초보 투자자들에게는 반드시 분할매수와 분할매도가 필요한데 그 이유는 다음과 같다. 암호화폐와 주식의 가장 큰 차이점은 바로 변동성이 매우 크다는 것이다. 한 번이라도 암호화폐 차트를 본 사람이라면 공감할 수 있을 것이다. 한 번 하락이 시작되면 보통 -20%에서 -50%는 기본이고 이러한 무서운 시장에서 살아남기 위해서는 절대로 몰빵하면 안 된다.

🔍 추천하는 세 가지 분할매수 방법

특정한 날짜를 정해서 코인을 매수하라

특정한 날짜를 월급날로 정해서 코인을 분할매수하는 것을 추천한다. 그리고 최대한 가격을 신경 쓰지 말고 기계처럼 사야 한다. 전에 산 가격보다 올랐을 경우 살지 말지를 고민하게 되는데 자꾸 신경을 쓰다 보면 매수 시기가 달라지고 좋은 가격에 사기 위해서 자주 차트를 봐야 하는 상황에 닥친다. 자주 차트를 보고 신경 쓰게 되는 것이 얼마나 힘들고 일상생활에 안 좋은 영향을 주는지 경험해 보면 기계처럼 사야 하는 것이 왜 중요한지 이해할 수 있을 것이다.

특정한 날짜에 코인을 매수하는 것의 장점

1. 매수 시기를 잊지 않는다.
2. 차트를 분석하지 않아도 매수가 가능하다.
3. 차트를 한 달에 한 번 정도만 보게 되니 일상생활에 지장이 없다.
4. 장기적으로 투자가 가능하다.

이러한 장점 때문에 차트를 공부할 시간은 없고 코인에 대해 신경 쓰고 싶지 않지만, 수익을 내길 원하는 초보 투자자에게 적극적으로 추천하는 매수 방법이다.

최소 10%이상 하락 시에만 분할매수

초보 투자자라면 코인의 가격이 올라가는 것을 지켜보다 못 참고 매수하면 고점에 물리는 경험을 많이 해봤을 것이다. 필자는 고점에도 물려보고 하락장에도 물려 봤지만, 보통은 고점에 물렸을 때가 하락장에서 물렸을 때보다 더 많이 아팠다.

그래서 이것이 필자가 고점에 물리지 않기 위해서 생각해낸 방법이다. 개미들은 보통 10% 이상의 하락에는 극도의 공포심과 심리적으로 불안해서 무서움을 느낀다. 하지만 필자는 기쁜 마음으로 적극적으로 분할매수를 할 수 있었다. 왜냐하면 비트코인은 10% 이상의 하락 후에는 반드시 멋진 상승이 나오기 때문이다.

비중을 늘리며 분할매수

필자는 여러 가지 방법 중에서도 심리적 안정감과 더 좋은 평균매수단가를 만들기 위해서 처음에는 비중을 작게 매수하고 더 하락하면 비중을 점점 늘려가며 분할매수를 했다. 이 방법의 가장 큰 장점은 좋은 평균매수단가를 만들 수 있다는 것이고 좋은 평균매수단가는 꿀맛 같은 수익률을 보장해 준다. 심리적 안정감을 위해서라도 비중을 늘리며 분할매수하는 것을 추천한다.

위의 세 가지 방법으로 분할매수를 하기 위해서는 '코인 선택'이 가장 중요하다. 필자는 시총 20조 이상의 코인 중에서도 시총 1위 비트코인과 시총 2위의 이더리움을 주로 거래했다. 이 둘은 상승과 하락을 반복하면서도 꾸준히 오르는 주식계의 '삼성전자'와 같다. 적극적으로 분할매수하기 위해서는 필수적으로 시총이 최소 20조 이상인 코인들만 거래하는 것을 추천한다. 시총이 1조도 안 되는 코인들은 한 번 하락을 시작하면 바닥이 어딘지 그 끝을 알 수 없고 끝없이 분할매수하다가는 크게 실패할 확률이 매우 높다.

필자는 사실 분할매수는 자신 있게 잘 할 수 있었다. 하지만 분할매수를 잘하고 나서 코인이 상승하게 되면 행복한 고민이면서도 매우 어려운 '언제 팔 것인가?'라는 문제에 직면했다. 이 문제는 모든 투자자가 어려워하는 부분이기도 하다.

🔍 추천하는 두 가지 분할매도 방법

전고점을 목표로 분할매도

분할매수가 끝나고 나서 하락했던 코인의 가격이 다시 상승을 시작한다면 일단 본인의 평균매수단가에 왔을 때 비중의 50%는 본절가에 매도한다. 그리고 나머지 비중 50%의 물량을 가지고 수익을 즐기는 분할매도 방법이다. 여기서 1차 목표가격은 평균매수단가 기준 전고점이고 2차 목표가격은 1차 청산 기준 전고점이 되는 것이다.

이러한 방법으로 분할매도를 반복하는 것이 간단하면서도 좋은 수익을 낼 수 있다. 위의 내용에서 코인의 가격이 본인의 평균매수단가에 왔을 때 비중의 50%를 본절가에 매도하는 이유가 궁금할 것이다. 그 이유는 바로 상승을 하던 코인의 가격이 목표가에 도달하지 못하고 재차 하락을 이어갈 때 분할매수를 다시 진행하기 위해서이다.

수익률을 기준으로 분할매도

간단한 기준을 제시하자면 수익률 10% 달성 시 1차 분할매도, 수익률 20% 달성 시 2차 분할매도를 하면서 점점 분할매도를 하는 것이다. 차트 분석을 못 하는 코린이도 쉽게 따라 할 수 있는 방법이다.

두 번째 방법도 첫 번째 방법과 마찬가지로 분할매수 후 본인의 평균매수단가에 왔을 때 비중의 50%는 본절가에 매도한다.

여기까지의 필자가 이행한 전략을 봤을 때 여러분은 어떤 생각이

드는가? 차트를 분석하지 못 하는 본인도 쉽게 따라 할 수 있을 것 같지 않은가?

사진은 필자가 2,000만 원으로 멘토의 노하우와 분할매수/매도를 통해 매매한 현재 진행형의 결과물이다. 누구나 이런 수익을 만들 수 있다는 것은 아니다. 하지만 이러한 간단한 전략으로도 좋은 결과물을 만들어 낼 수 있다는 것을 보여주고 싶었다.

필자가 2,000만 원으로 시작한 현재 진행형의 결과물

또 하나의 놀라운 사실을 고백하자면 필자는 차트를 읽지 못한다. 하지만 남들보다 더 뛰어나다고 생각하는 것은 멘토가 말하는 멘트와 뉘앙스를 통해 그의 생각을 그대로 읽으려고 노력하는 부분이다.

🔍 여러분이 현재 처한 현실을 직시하라

앞의 5인의 멘토들은 차트를 자신에 맞춰서 만들었지만, 필자가 제시한 방법 또한 매우 현실적인 방법이 될 수 있다. 우리는 회사원이고 매일 8시간 이상 회사 일에 지쳐 있는데 어떻게 금융과 기술적 분석을 공부할 수 있을까? 따라서 자신이 처한 환경에 맞는 전략만 있다면 성공할 수 있다.

마지막으로 다시 강조하자면 필자의 필승 전략은 멘토를 따라 하는 것과 분할매수, 분할매도이다. 어떤 멘토를 선택하느냐에 따라서 모든 게 결정된다. 비용이 얼마가 들어도 상관없다. 이 책을 읽는 여러분이 만약 필자의 전략을 따라 하려고 한다면 유념했으면 좋겠다.

코린이를
위한

Q. 그동안 비트코인은 총 몇 개를
발행했을까요?

그동안 발행한 비트코인은 총
약 2,100만 개입니다.

Q. 비트코인은 얼마까지 갈까요?

비트코인의 가격의 범위를 알
수 있는 사람은 없습니다. 예를
들어, 실제로 2010년에 비트코
인 100,000,000개로 피자 2판을 구매한 사
람도 있습니다. 당시 비트코인의 1비트는 한
화로 440원이었습니다. 2021년 비트코인
시세는 9월 기준으로 1비트는 58,000,000
원입니다. 따라서 앞으로의 가격 범위는 확
정할 수 없습니다.

Q. 데드크로스와 골든크로스의 뜻은 무엇인가요?

 골든크로스(Golden Cross)는 단기 이동평균선이 장기 이동평균선을 아래에서 위로 돌파하는 경우를 말합니다. 데드크로스(Dead Cross)는 단기 이동평균선이 장기 이동평균선을 위에서 아래로 하향 돌파하는 경우를 말합니다.

Q. 이동평균선이란 무엇인가요?

 일정 기간의 주가를 반영하여 산술 평균한 값인 주가 이동평균을 차례대로 연결한 선입니다.

Q. 지지선과 저항선의 뜻은 무엇인가요?

 지지선은 가격이 더 하락하지 않게 말 그대로 가격 방어를 지지해주는 선을 말합니다. 저항선은 가격이 상승하지 않도록 눌러주거나 상승하려다 상승하지 못한 선을 말합니다.

Q. 스토캐스틱이란 무엇인가요?

 일정 기간의 주가 변동 폭 중에서 금일 종가의 위치를 백분율로 나타낸 지표입니다. 주가가 요동치는 특성을 가장 정확히 반영하는 지표 중의 하나라고 보면 됩니다. 스토캐스틱의 주요 지표인 %K와 %K의 이동평균값인 %D로 나눕니다.

Q. 어떤 코인을 사야 하나요?

 만약, 코인 투자를 처음 시작하는 분들이라면 시가총액이 높은 코인들 위주로 먼저 투자를 시작하는 것을 추천합니다. 대표적으로, 비트코인, 이더리움, 에이다, 리플 등이 있습니다. 비트코인을 제외한 알트코인은 변동성이 상당히 심하기 때문에, 처음 시작하는 분은 적응하기 어려운 시장이 될 수 있습니다. 시가총액이 높다고 해서 모두 좋은 코인은 아닐 수 있지만, 상대적으로 안정적인 종목이 될 수 있기에 천천히 시작해 보기 바랍니다.

Q. 고점에서 물렸어요. 어떻게 대응해야 하나요?

 어떤 상황에서 어느 정도의 비중으로 물렸는지는 모르지만, 전략적인 대응이 필요합니다. 코인 시장은 적절한 전략만 있다면 빠른 시일 내에 복구뿐만 아니라 수익도 볼 수 있습니다.

Q. 지금 수익을 보고 있는데 언제 팔아야 될까요?

 파는 시기의 정답은 없습니다. 초보자라면 전고점, 추세저항에서 50%는 정리하는 연습을 해보세요. 매도 전에는 수익이 아니니, 매도를 하면서 수익을 느껴보고, 만약에 대비해 적정량의 현금도 보유하길 추천합니다.

Q. 주변에 코인투자로 돈을 번 사람들이 많지 않은데, 어떻게 하면 코인투자를 성공할 수 있나요?

아이러니하게도 코인으로 큰 수익을 본 사람들은 몇 년 전부터 계속 사서 모은 사람들이나 적절한 코인을 그냥 사놓고 기다린 사람들이 엄청난 수익을 봤습니다. 단기적으로 들어와서 트레이딩을 하다가 손실만 보고 코인 시장을 떠나는 분들이 허다합니다. 코인 시장에 노하우가 있는 사람들을 찾아 전략과 인사이트를 배운다면 금방 수익을 낼 수 있을 겁니다.

Q. 김프란 무엇이며, 김프가 끼는 이유는 무엇인가요?

김프란 '김치 프리미엄'을 줄인 말로 국내 거래소에서 거래되는 코인 가격이 해외 거래소에서 거래되는 코인 가격보다 높은 현상을 말합니다. 거래소별로 각각 거래되기 때문에 모든 거래소의 코인 가격이 완벽히 같을 수는 없고, 해외 거래소일 경우 더더욱 차이가 날 수 있습니다.

Q. 반감기란 무엇인가요?

비트코인은 발행량이 한정되어 있고, 채굴 진행 시 보상을 받습니다. 이 때 한정된 발행량으로 채결 보상이 절반으로 줄어드는 때를 반감기라고 합니다. 지금까지 2012년, 2016년, 2020년 총 3번의 반감기가 진행되었습니다. 비트코인이 처음 나왔을 때는 채굴 보상으로 1블록당 50BTC가 주어졌지만, 총 3번의 반감기로 현재는 6.25BTC로 줄어들었습니다.

Q. 비트코인과 알트코인의 차이는 무엇인가요?

알트코인이란, 쉽게 말해서 비트코인을 제외한 모든 코인들을 알트코인이라고 부릅니다. 그중에서 메이저 알트코인의 경우, 일반적으로 코인마켓캡(https://coinmarketcap.com/ko/) 사이트에서 시가총액 상위권에 속하는 코인들입니다.

Q. 메이저 코인과 비메이저 코인을 나누는 기준은 무엇인가요?

시가총액을 통해서 구분 지어 봅시다. 우리나라 코스피 시가총액 1위는 삼성전자, 2위는 SK하이닉스, 3위는 네이버 이런 식으로 줄을 세우듯 암호화폐에도 1등은 비트코인, 2등은 이더리움, 3등은 에이다 이렇게 시가총액의 순서가 있습니다. 1위부터 10위 또는 15위까지를 보통 메이저 코인이라고 합니다.

Q. 상장폐지가 되면 영영 거래를 못하나요?

상폐된 그 거래소에서는 거래가 불가능하지만, 거래가 되는 다른 거래소를 찾는다면 거래가 가능합니다. 각 거래소마다 상장된 코인들이 다르기 때문에 A 거래소에서 상장폐

지되더라도 B 거래소에서 거래가 되고 있다면 B 거래소로 코인을 이동해서 거래할 수 있습니다.

Q. 빗썸과 업비트가 일봉 마감 시간이 다른데 이게 어떤 기준인 가요?

 빗썸의 일봉 마감시간은 한국 시간 기준 0시입니다. 업비트의 일봉 마감시간은 오전 9시입니다. 오전 9시가 된 이유는 세계협정시간이 0시 일 때 한국 시간이 오전 9시이기 때문입니다.

Q. 길거리에서 홍보하는 코인들은 정상적인 코인인가요?

 길거리에서 홍보하는 코인이라고 무작정 투자해서는 안 됩니다. 아직 정상인지 아닌지 알 수 없는 상태이고 대형 거래소에서 거래가 되고 있는지, 거래대금이 많은지, 제대로 운영을 하고 있는지 등을 인터넷을 통해 먼저 파악해야 합니다. 코인은 이제 일반 개인이 만들 수 있는 영역을 넘어서고 있습니다. 전 세계적으로 거래되는 시장이고, 홍보를 하더라도 전세계적으로 홍보를 진행합니다. 길거리 현수막은 길거리를 타깃으로 하는 코인이라고 생각되니 구매하지 않았으면 좋겠네요.

Q. 코인은 정말 화폐를 대체할 수 있을까요? 코인이라는 게 가상 화폐이지 실제로 쓰이나요?

 코인이 화폐를 대체할 수 있을지는 아무도 모릅니다. 코인이 화폐를 대체한다는 관점보다는 블록체인이라는 기술에 좀 더 초점을 맞춰야 되지 않을까 생각합니다. 블록체인에 저장할 수 있는 정보는 매우 다양합니다. 화폐의 거래는 물론 전자 결제, 디지털 인증, 화물 추적 시스템, 원산지부터 최종 소비자까지 유통의 전 과정을 추적할 수 있습니다. 전자투표, 전자시민권 발급, 혼인 및 출생신고, 부동산 등기부, 의료기록 관리 등 신뢰성이 요구되는 다양한 분야에도 얼마든지 활용할 수 있습니다. 실제로 최근엔 비트코인을 법정화폐로 여기는 나라가 생겼고, 식당에서 직접 거래하는 모습도 보여주고 있습니다. 먼 미래엔 어떻게 될지는 모르지만, 암호화폐로써의 어떤 역할이 필요한 영역이 생기지 않을까 생각합니다.

Q. 소프트포크와 하드포크는 무엇인가요?

 소프트포크란 기존 합의 프로토콜을 유지하면서 추가로 업그레이드하는 것을 말합니다. 간단히 말해서 업그레이드만 된다고 이해하면 됩니다.

하드포크란 기존 합의 프로토콜과 다른 방식으로 업그레이드하는 것을 말합니다. 즉, 기존 합의 프로토콜과 연동되지 않는 새로운 체계가 만들어진다고 이해하면 됩니다.

이때, 기존 합의 프로토콜도 유지하고자 하는 사람, 새로운 합의 프로토콜을 이용하려고 하는 사람 이렇게 두 세력으로 나뉘게 되면 새로운 코인이 탄생하게 됩니다. 그러나 기존 합의 프로토콜은 버리고 새로운 합의 프로토콜만 이용하자고 합의되면 코인은 새로 생겨나지 않습니다.

Q. 메인넷이란 무엇인가요?

메인넷은 기존에 존재하는 플랫폼에 종속되지 않고, 독립적으로 생태계를 구성합니다.

Q. 비트코인이 왜 대장인가요? 알트는 왜 비트코인의 눈치를 보나요?

비트코인의 시가총액은 현재 2021년 10월 기준으로 1,066조를 넘었습니다. 암호화폐 전체 시장에서 비트코인이 차지하는 비중이 45%에 달하는 만큼 많은 비중을 차지하고 있습니다. 따라서 비트코인의 움직임에 암호화폐 시장이 민감할 수밖에 없다고 생각합니다.

Q. 본업을 하면서 암호화폐 투자를 해도 괜찮을까요?

문제없다고 생각합니다. 다만 코인은 24시간 거래되기 때문에 큰돈으로 하기보다는 월급의 10% 내외로 꾸준히 투자하는 게 적절할 것으로 생각합니다.

Q. 갑자기 절반이 된다거나 큰 하락을 보이면 어쩌죠?

갑자기 절반이 되는 경우는 본인이 투자하기 전에 이 종목을 선택한 근거를 가만히 생각해 보았으면 좋겠습니다. 공부하지 않고 무턱대고 샀다면 분명 본인의 부주의함을 기억해야 합니다. '메이저 종목에 투자하면 수익률이 낮아 재미가 없다', '친구가 그러던데 이거 사면 대박이 난다더라' 이런 말을 주의해야 합니다. 암호화폐 시장은 이제 자산으로 분류되어 각국 정부에서 세금을 매긴다고 합니다. 하지만, 비트코인은 가끔 큰 등락 폭을 보이는데, 절대 하락을 크게 하고 있을 때 팔지 말고, 반나절 정도나 본인이 감당할 수 있는 기간이 지난 뒤에 적정선이 오면 고민해야 합니다. 가능하면 떨어지고 있을 때 팔지 않았으면 합니다.

Q. 차트를 공부하려면 어떻게 시작하는 것이 좋을까요? 스스로 차트를 보고 매매를 하기까지 얼마나 걸릴까요?

첫 시작은 보통 차트에 관한 책을 사거나 유튜브에서 찾아보고 공부를 시작합니다. 다만, 차트에 관한 내용이 너무 많고 어렵기 때문에 초심자가 책과 유튜브의 내용만으로 이해하기는 어려울 것입니다. 이 책을 집필한 6인도 같은 입장이었습니다. 그래서 최대한 초심자가 이해하기 쉽게 차트 분석의 필수적인 요소들을 담았습니다. 끝까지 읽어본다면 많은 도움이 될 것입니다. 그리고 스스로 차트를 보고 매매하기까지는 사람마다 다르기 때문에 콕 집어 말할 수 없지만, 당신의 노력에 달렸습니다.

Q. 지금 사도 되나요?

 사고 싶다면 사십시오. 하지만 지금 사도 되는지에 대한 근거를 갖고 있습니까? 투자라는 것은 무작정 하는 것이 아니라 올바른 투자 마인드와 일관된 투자 규칙으로 하는 것입니다. 이 책을 끝까지 읽고 근거를 찾았다면 투자에 나서도 좋습니다.

Q. 투자 마인드가 갖춰져 있지 않아도 투자할 수 있을까요?

 투자 마인드뿐만 아니라 암호화폐나 차트를 공부하지도 않고 투자를 한다는 것은 무기도 없이 전쟁터에 나가는 것과 같습니다. 무기가 없다면 전쟁터에서 필히 목숨을 잃을 것입니다. 암호화폐 시장에서 엄청난 돈을 번 사람들의 이야기를 들어 본 적이 있을 것입니다. 하지만 그 사람들은 소수일 뿐이라는 것을 명심하길 바랍니다. 당신은 소수의 투자자가 되고 싶은가요? 그렇다면 투자 마인드와 실력을 쌓고 투자를 시작하십시오.

Q. 내가 팔면 올라가고 내가 사면 떨어지는 이유는 무엇일까요?

 차트상 올라가야 할 타이밍에 팔았기 때문에 올라가는 것이고, 떨어져야 될 타이밍에 샀기 때문에 떨어지는 것입니다. 차트의 캔들 하나하나 암호화폐 시장에 있는 모든 투자자들의 심리가 녹아서 만들어진 것입니다. 그래서 기술적 분석이 필요합니다. 기술적 분석을 통해 매매 성공의 확률을 높이는 것이 중요합니다.

Q. 차트를 잘 맞추는 투자자의 비결은 무엇인가요?

 차트 분석을 통해 100% 시장 예측을 하는 것은 사실상 불가능합니다. 차트 분석을 하는 이유는 여러 경우의 수를 생각하여 시장에 대응하기 위함이며, 매매 성공 확률을 높이기 위해서입니다. 차트 분석을 잘 하는 분들은 상당히 많은 경험과 고민을 통해 어떠한 분석 기법을 본인의 매매 철학으로 만듭니다. 그리고 그 원칙을 지키면서 매매를 하기 때문에, 성공 확률을 높일 수 있다고 생각합니다.

Q. 초보는 어느 정도의 자본으로 시작하는 게 좋은가요?

 초보라면 10만 원으로라도 시작해보는 것을 추천합니다. 눈으로 보고 귀로 듣는다고 시장을 온전히 느낄 수는 없습니다. 하지만 그렇다고 큰 돈이 들어가기엔 리스크가 있기 때문에, 소액으로 시작해서 본인만의 투자 스타일을 정하고 익숙해졌을 때 점차 늘려 나가는 것을 추천합니다. 이 책의 저자들 또한 소액으로 충분히 많은 수익을 올렸습니다.

Q. 코인은 하이 리스크, 하이 리턴 이라 들었는데 왜 그런가요?

 하루만 봐도 변동 폭이 −5%에 서 +5%를 쉽게 왔다 갔다 하 고, 큰 하락이 있으면 20~30% 하락하는 모습을 쉽게 볼 수 있습니다. 하지 만 그만큼 상승 폭도 크기 때문에, 하이 리 스크, 하이 리턴이라고 부릅니다. 하지만 하 이 리스크, 하이 리턴이라 하더라도 무조건 그런 것은 아니며, 얼마든지 로우 리스크, 하이 리턴으로 바뀔 수 있다고 봅니다.

유용한 웹페이지

— 트레이드 스터디 https://www.tradestudy.co.kr/
: 주식, 코인을 포함한 투자를 위한 차트 분석 등 기술적 분석의 기초를
  닦을 수 있는 사이트

— 코인마켓캡 https://coinmarketcap.com/
: 현재 발행된 대부분의 코인들의 시가총액부터 코인 정보까지 알 수 있
  는 사이트

— 코인게코 https://www.coingecko.com/
: 코인마켓캡과 동일하게 전체 코인 시장에 대한 시가총액 순서, 카테고
  리별 항목들을 보여주며, 테마를 쫓아 투자하기에 좋은 사이트

— Coin 360 https://coin360.com/
: 암호화폐 시장에서 각 종목이 차지하는 비율(도미넌스)을 보여주는 사
  이트

— 김프가 https://kimpga.com/
: 한국 거래소와 해외 거래소의 시세 차이(김프)를 보여주는 사이트

— 시그비트 https://sigbtc.pro/
: 전세계 유명한 트레이더들의 포지션을 참고할 수 있으며, 실시간 고래
  입출금 및 여러 지표들을 정리한 사이트

— 코인니스 https://kr.coinness.com/
  : 암호화폐에 대한 주요 뉴스들을 정리하여 알려주는 사이트

— 코인캘린더 https://coinmarketcal.com/ko/
  : 공개되어 있는 모든 암호화폐의 호재를 다루는 신뢰도가 매우 높은 사
  이트

— 스캠스코어 https://isthiscoinascam.com/
  : 투자하려는 코인의 개발 및 발전이 잘 이뤄지고 있는지 확인하기 위해
  보조 지표로 사용하기 좋은 사이트

— 얼터너티브 https://alternative.me/crypto/fear-and-greed-index/
  : 주식 시장에서 보여주는 vix와 같이 암호화폐 시장의 공포와 과열 상태
  를 보여주며, 공포에 투자하여 환희에 팔때 참고하기 좋은 사이트

— 트레이딩뷰 https://www.tradingview.com/
  : 주식, 코인을 포함한 다양한 종목의 차트를 제공하는 사이트

— 미디엄 https://medium.com/
  : 코인뿐만 아니라 다양한 기술적 정보를 검색하여 찾아볼 수 있는 플랫폼

— Whale Alert https://whale-alert.io/
  : 암호화폐 자산 이동 추적 서비스로 고래들의 대규모 이동을 트위터상에
  서 알리는 사이트

코인으로 인생역전: 전략 없이 비트코인 시장에 뛰어들지 마라!

초판 1쇄 인쇄 2021년 11월 25일
초판 2쇄 발행 2021년 12월 17일

지은이 홍지윤·윤용욱·정지훈·류경문·김민형·최완순
감   수 강흥보
펴낸이 박수인·배혜진

펴낸곳 ㈜리치캠프
출판등록 제2021-000086호(2021년 5월 6일)
주소 서울시 영등포구 여의대방로 67길 10, 3층 307호(여의도동)
전화 (02)322-7241
팩스 (02)322-7242
이메일 richcampall@richcamp.co.kr

값 17,000원
ISBN 979-11-975165-2-8 13320

* 잘못 만들어진 책은 구입하신 곳에서 교환해드립니다.
* 좋은 책을 만드는 것은 바로 독자 여러분입니다.
  리치캠프는 독자 의견에 항상 귀를 기울입니다. 리치캠프의 문은 항상 열려 있습니다.
  원고 투고 또는 문의사항은 richcampall@richcamp.co.kr으로 보내주시기 바랍니다.

▶ E트렌드 ⊙ 리치캠프 f 리치캠프